ジェロントロジー・ライブラリー
Ⅲ 高齢期の住まいと安全

住宅改修と
地震対策で
まちづくり

児玉 道子

社会保険出版社

はじめに

　私が高齢期の住まいに関心をもったのは、今から20年ほど前、老人保健施設を見学したときでした。案内をしてくれた介護福祉士から、こちらが質問する間もないほど建物に対する不満を聞くことができました。

　現在では、施設建築もずいぶん改善されていますが、企画や設計の段階から施設スタッフの話を聞いて、建築に反映させる必要があったと思います。

　同じ頃、新築の設計をさせていただいたお客さまから「お風呂で溺れそうになったから、手すりをつけてほしい」と連絡があり、バリアフリー住宅の設計を始めるきっかけとなりました。

　その後、介護保険を利用した住宅改修をしていたとき、老々介護をしていた方から「わしらは家具の下敷きになって死ぬのか…」と言われたことが「家具転倒防止隊（かぐてんぼう隊）」発足のきっかけになっています。

　国立社会保障・人口問題研究所の全国将来推計人口によると、わが国では、総人口が減少する中で高齢者が増加することにより高齢化率は上昇を続け、2036年には3人に1人が65歳以上の高齢者になると予想されています。

　「人が減る、お金も減る…」とマイナスのイメージを持ってしまいがちですが、自助努力をしつつ、孤立しないよう社会参加し、そして、地域力を高めて支え合えるしくみが求められています。

　第1章では、家庭内事故など、高齢期における住宅の課題について、知っておくとよいことをお伝えします。

　第2章、第3章では、高齢期の住宅改修の進め方と、その実

際について、事例で多い手すりの取り付け、段差解消などをご紹介します。

　要支援・要介護者を支えるケアマネジャーなどの専門職が、「住宅改修はよく分からないから業者にお任せ」とならないよう、押さえておくべきポイントを事例をもとに解説しています。

　第4章は、家具転倒防止対策です。地味ですが、地震対策としては有効で、講習を受ければプロでなくても施工できると考えています。

　第5章は、家具転倒防止の活動についてです。高齢者が安心して地域で住み続けるためには、地域住民による支え合いが不可欠です。定年退職後のシニアが家具転倒防止の活動で地域とつながり活躍しています。この章では、活動がシニアにどのような変化をもたらしたのか、団体のリーダーや行政職員のインタビューをもとにご紹介します。

　"住み慣れた家に住み続けるため" "誰もが安心して暮らすことのできる家や地域をつくる活動をしている方々" など、みなさまのご参考になれば幸いです。

2017年10月
児玉道子

住宅改修と地震対策でまちづくり

目　次

はじめに────────────────────────── 2

第1章　住宅改修の予備知識──────────── 7
1．住宅の課題……8
　(1)高齢者の家庭内事故……8
　　 事例 　お風呂で溺れる!?……9
　(2)高齢者と住宅火災……10
　　 事例 　Bさんとの最後の会話……11
2．住まいと介護……12
　　 事例 　施設から家に帰りたい……13
3．住まいと個性……14
　　 事例 　おしゃれにしたい……15
4．悪質リフォーム詐欺……16
　　国民生活センターに寄せられた最近の事例……16
　　 事例 　住み慣れた家に住み続けるために……17
　　■悪質リフォーム詐欺に遭わないために■……18

第2章　住宅改修の進め方──────────── 21
1．住宅改修のプロセスとアセスメント……22
　　 事例 　すぐに住宅改修に入っていいの？……23
　　＜アセスメントの例＞……24
2．さまざまな専門職との連携……26
　　 事例 　元の生活を望むGさん……27
　　●医療ソーシャルワーカー・ケアマネジャー……28
　　●理学療法士・作業療法士……29
　　●建築士・福祉用具専門相談員……30
　　●福祉住環境コーディネーター……31
　　● fjc 火曜塾（介護保険住宅改修失敗事例検討会）……32

第3章　住宅改修の実際―――――33
1. 手すりの取り付け……34
   - 事例　いきなり現地調査⁉……35
   - ＜現地調査のマナーとポイント＞……35
   - ●手すりの取り付け位置……36
   - ●壁の下地……37
2. 段差の解消……38
   - 事例　とにかく外出だけでも・・……39
   - ●段差を解消する方法とポイント……40
3. 床材の変更……44
   - 事例　高級な材料がいいとは限らない……45
   - ●床材の選び方……46
   - ●床の構造と床材……47
4. 引き戸などへの扉の取り替え……48
   - 事例　扉の開閉が危険！……49
   - ●扉の種類と留意点……50
5. 洋式便器などへの便器の取り替え（トイレの改修）……52
   - 事例　トイレで難儀……53
   - ＜Ｌさんの事例における改修の視点＞……54

第4章　地震による家具類の転倒防止対策―――――55
1. 大地震の負傷被害と家具固定の必要性……56
   - ●阪神・淡路大震災の映像から……56
   - ●大地震による負傷者と負傷原因……58
2. 地震による室内の状況……60
   - ●震度4から危険！……60
   - ●高層マンションは揺れに弱い！……60
3. 自宅における家具類の転倒防止対策……62
   - ■家具類の配置を点検する……62
   - ＜家具類の転倒防止対策器具の種類と効果＞……64
   - ■家具をＬ字金具やベルト式で固定する方法……66

■家電製品などの固定方法……68
　　　【テレビ】【冷蔵庫】……68
　　　【電子レンジ】【その他】……69
　　■部屋別・環境整備ポイント1……70
　　　【寝室】……70
　　　【リビング】……71
　　■部屋別・環境整備ポイント2……72
　　　【ダイニング】【キッチン】……72
　　●あなたのお宅は大丈夫？チェックリスト……74
　　●かぐてんぼう隊（家具転倒防止ボランティア）養成研修……75
　　●防災教育チャレンジプラン（すすめ！かぐてんぼう隊）……80

第5章　地域防災とシニアの活躍　━━━━━━━━━━ 81
1．地域防災活動はシニアにどのような変化をもたらしたか？……82
　　●防災ボラネット守山……82
　　●幸町下区町内会……85
　　●家具転倒防止ボラ緑……88
2．行政から見た地域防災とまちづくり……91
　　●名古屋市守山区社会福祉協議会……91
　　●名古屋市消防局……92
　　●愛知県防災局……93
3．今後の地域防災のあり方……94
　　●"災害時の住環境守る"一般社団法人わがやネット……96

【付録】　ちゃんと知っておきたい介護保険 ━━━━━ 97
1．介護保険でできる住宅改修の種類……98
2．＜実例＞介護保険で改修……100
3．介護保険の住宅改修　利用方法……102

協力・参考文献 ━━━━━━━━━━━━━━━━━━ 103
おわりに ━━━━━━━━━━━━━━━━━━━━━ 104

第1章

住宅改修の予備知識

1. 住宅の課題	8
(1)高齢者の家庭内事故	8
(2)高齢者と住宅火災	10
2. 住まいと介護	12
3. 住まいと個性	14
4. 悪質リフォーム詐欺	16
■悪質リフォーム詐欺に遭わないために■	18

第1章　住宅改修の予備知識

　介護や支援が必要な方を対象とした住宅改修の場合、機能面を優先して考える必要があります。その方にとっての不便さを解消し、安心して自立した生活を送れることが目的です。また、介助者の負担を軽減したり、事故を未然に防止する効果も見込めます。

　では、それをどうしたら実現できるのでしょうか？　まずは、慌てなくていいように予備知識をもっておくことが大切です。

1. 住宅の課題

(1) 高齢者の家庭内事故

　浴室における高齢者（65歳以上）の年間の溺死者数は4,756人[1]で、交通事故の死者数よりも多く、死者数だけ見れば「高齢者には道路より浴室の方が危険！」ともいえそうな状況です。

図1-1　65歳以上の家庭内事故の年間死亡数

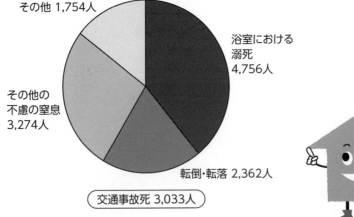

出典：厚生労働省「平成28年人口動態統計」より作成

■第1章　住宅改修の予備知識

事例 お風呂で溺れる!?

　今から20年ほど前、新築の設計をさせていただいたＡさん（70歳）から電話が入りました。「お風呂で溺れそうになったから、手すりを付けて欲しい」との依頼でした。Ａさんが言うには「入浴中に意識を失い溺れかけ、気を取り戻したときに、慌てて排水孔の栓を抜き、お湯を捨てて難を逃れた」とのことでした。当時、私はデザイン誌に載せるつもりで畳の大きさほどの浴槽を設計し、その縁をタイルで覆ってエプロンを付けました。

　高齢者の住環境整備などということは全く考えておらず、この道に入るきっかけとなった事例です。

POINT!
- "高齢になったとき"をイメージします。
- 溺死予防には体幹保持用の"横手すり"、転倒防止には移動用の"横手すり"、立ち座り用には"縦または横手すり"を取り付けます。

(2) 高齢者と住宅火災

住宅火災における死者は、2005（平成17）年の1,220人をピークに減少傾向が続いていますが、その反面、自宅で火災に巻き込まれる高齢者の割合は増え、死者のうち約7割が65歳以上の高齢者です[2]。

2004（平成16）年の消防法改正により設置が義務付けられた住宅用火災警報器ですが、町内会で配布された警報器を取り付けずに放置していたり、誤作動が起きるからと袋をかぶせている高齢者もいるのが気がかりです。

図 1-2　住宅火災の件数及び死者の推移

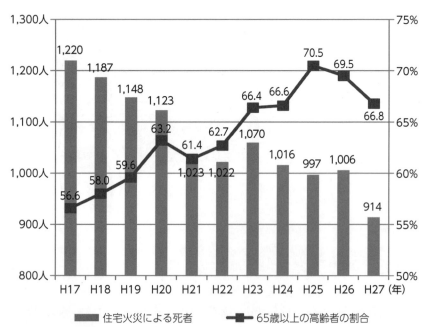

出典：消防庁「平成28年度版消防白書」より作成

■ 第 1 章　住宅改修の予備知識

事例　Ｂさんとの最後の会話

　軽い認知症と診断されたＢさん（70歳・女性）は夫（75歳）と二人で暮らしていました。子どもはいませんでした。

　現地調査では、床の段差解消の助言をしたうえで、Ｂさんに業者を選んでいただきました。これで終わるはずでしたが、気になることがあったので、建物の周囲を見せてもらうことにしました。

　Ｂさんの家は、東、西側の隣地境界線上に塀があって、建物との距離は人が通れるだけの幅はありませんでした。

　Ｂさんには、「地震などの災害時の避難ルートを検討した方がいい」と助言しました。１年後、Ｂさん宅が火災になり、夫婦が亡くなったとニュースで知りました。「あのとき、なぜもっと踏み込んで一緒に考えなかったのか」と自問自答し、そして、後悔しました。忘れることができない事例です。

POINT!

- 現在、逃げ遅れを防ぐため"住宅用火災警報器"の設置が消防法で義務付けられています。
- "住宅用火災警報器"は、ホームセンターなどで購入できます。取り付けも難しくないので、一般の人でも可能です（介護保険制度は利用できません）。
- 火災に限らず"危険"に気づくことが大切です。

2. 住まいと介護

「日常生活を送るうえで介護が必要になった場合に、どこで介護を受けたいか」について内閣府「高齢社会白書」を見ると、60歳以上では「自宅や子ども、親族の家で介護して欲しい」が、男性は43.9％、女性は34.6％と、男性の方が自宅での介護を希望する割合が高くなっています。

「病院や介護老人保健施設、介護老人福祉施設や民間有料老人ホーム等に入所したい」人は、男性は48.5％、女性は56.3％となっていますが、「治る見込みのない病気になった場合、どこで最期を迎えたいか」について見てみると「自宅」が54.6％で最も高くなります[3]。

しかし、自宅へ帰りたいという本人の思いとは裏腹に、施設での生活を余儀なくされている人が多いのも現実です。

図 1-3　介護を受けたい場所

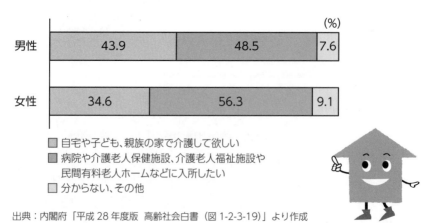

出典：内閣府「平成28年度版　高齢社会白書（図1-2-3-19）」より作成

■第1章 住宅改修の予備知識

事例 施設から家に帰りたい

Cさん（66歳・男性）は、再発した脳梗塞のため急性期病院に入院、リハビリ病院を経て、施設に入所しました。Cさんは多発性脳梗塞と糖尿病で、次第に麻痺が重くなり、当時、両足と片手に麻痺がありました。

リハビリ病院では、歩行訓練や機能の低下を予防するための運動をしていました。しかし、施設では何もさせてもらえませんでした。Cさんは「このままでは自分はだめになる。自宅へ帰りたい」と妻に訴えました。

一方、妻は「介護をする自信がない。施設にいてほしい」と当初は望んでいましたが、施設へ支払う金額が毎月上がっていくため、「このままでは生活が苦しくなる」と考え、自宅に迎えることにしたそうです。

そこで、居宅介護支援事業所を自宅近くのところへ変更することと、介護保険で通所リハビリやデイサービスを利用することを提案しました。デイサービスで入浴することで、自宅の浴室は軽微な改修で済み、改修費用を抑えることができました。

POINT!

●住宅改修と併せてホームヘルプサービス、デイサービス、ショートステイなどの社会資源を活用することも提案します。

3. 住まいと個性

　総務省の調査によると、居住世帯のある住宅 5,210 万戸のうち、2,654 万戸が何らかの「高齢者等のための設備」があり、その割合は、年々増加しています。

　「高齢者等のための設備」のうち、割合が最も高いのが「手すり」の 40.8％、次いで「段差のない室内」21.4％、「またぎやすい高さの浴槽」20.7％、「廊下などが車いすで通行可能な幅」16.2％となっています[4]。

　介護や支援を必要とする方を対象とした住宅改修は、安全と自立、そして介護負担の軽減がクローズアップされがちですが、手すりなどの普及が進むなか、インテリアカラーなどのトータル・コーディネートも大事な要素です。

図 1-4　高齢者等のための設備状況

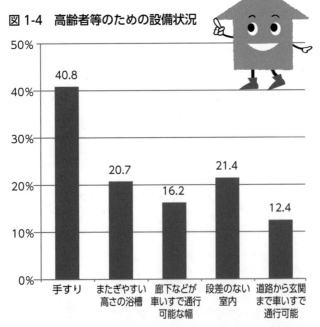

出典：総務省「平成 25 年住宅・土地統計調査　高齢者等のための設備状況（13 区分）別住宅数」より作成

■第1章 住宅改修の予備知識

事例 おしゃれにしたい

　Dさん（65歳・女性）は1人暮らしで、定年後は、趣味のテニスや旅行を思う存分楽しむつもりでいました。そんな矢先に脳出血で入院しました。

　Dさんの退院後、施工業者と下地の確認のために訪問した際、Dさんが壁に手を突いて歩いていたので、「廊下にも手すりを付けましょうか？」と尋ねたところ、「見栄えが悪くなるので付けたくない」との返事でした。

　Dさんの部屋は、フローリング・扉・壁に掛けてある額もダークブラウンで統一されていました。いわゆるトータル・コーディネートです。

　1週間後、手すりの色・材質・太さが分かるサンプルを持参し、Dさんに手すりを選んでいただきました。色がダークブラウンの手すりを提案したところ、「こんないいもの（商品）があるのね」と喜んでもらえ、廊下にも手すりを取り付けることになりました。

POINT!

- 本人の好み（インテリアカラーやイメージ）を確認します。
- 現物がわかるサンプルや写真などで提案します。

4. 悪質リフォーム詐欺

住宅は、雨風や害虫から身を守るためのシェルターであり、生活の基盤です。しかし、ひとり暮らしの高齢者には、寂しさや不安を抱えている人がいます。家のことで不具合があると不安が増していきます。そんな心の隙間に、悪質リフォーム業者は言葉巧みに入り込んでくるのです。

独立行政法人国民生活センターの統計によると、リフォーム工事の相談の中で訪問販売が目立ち、相談件数6,246件のうち判断不十分者契約（何らかの理由によって十分な判断ができない者の契約が問題である場合）が264件となっていて、高齢者がトラブルに巻き込まれていると推測されます[5]。

国民生活センターに寄せられた最近の事例

- 80歳代の独居の知人女性が100万円以上の不要なリフォームを契約しているようだ。支払い能力がないのでやめさせたい。
- ひとり暮らしで認知症の祖母が、自宅を訪問した業者に必要のない浴室リフォーム工事を勧誘され契約した。クーリング・オフしたい。
- 震災で落下した屋根瓦の工事を訪問してきた業者と契約したが、見積の倍の金額を請求された。どうしたらよいか。
- 母宅に、外壁塗装工事用の足場が組まれたので、本人に確認したところ何も覚えていなかった。業者は「見積書を渡した」と言うが、キャンセルできないか。

出典：独立行政法人 国民生活センター「訪問販売によるリフォーム工事 2016」

事例　住み慣れた家に住み続けるために

　飛び込みで営業にきたリフォーム業者に、毎月数十万円の支払いをしているのを不審に思ったEさん（73歳・女性）の家族から、「シロアリ駆除などの工事が本当に行われているのか見てほしい」と私に相談がありました。

　そこで専門の業者と共に訪問し、床下を確認したら、案の定、適正な施工はしていませんでした。床下にタバコの吸殻が落ちている有様だったのです。

　Eさんに写真を見せて状況を説明しましたが、「業者に忠告をしておくわ」と言われる始末でした。

　何度も訪問するうちに、Eさんから、「身体も思うように動かないし、夜になると何かと考えてしまい眠れない。住み慣れたこの家に住み続けたいが…」と言われました。

POINT!

- 高齢者の心の隙間に、悪質リフォーム業者は言葉巧みに入り込んでくるので注意が必要です。
- あらかじめ信頼できる業者を選んで継続的な付き合いをしておくことが、住み慣れた家に安心して住むことができるポイントになります。

■悪質リフォーム詐欺に遭わないために■

〜元気なうちから、信頼できる業者を選んでおこう〜

　システムキッチンの取り替えなどの一般的なリフォームは、部屋や設備が美しくなり、気持ちも晴れやかになります。雑誌やカタログを見ながら、完成後を想像するのも楽しいものです。この場合は、時間的にも余裕があるので、さまざまな検討が可能です。

　一方、介護保険制度を利用した住宅改修の場合、「退院までに住宅改修をしてほしい」というケースも少なくありません。時間的にも精神的にも余裕がない状態で、住宅改修を進めていかなければなりません。

　施工に至るまでに、「業者選び」、「商品の選定」、「見積内容の確認」、「給付申請」など、どうしても時間がかかってしまいます。できれば、平穏無事なときに、信頼できる"業者"を選んでおくことをおすすめします。

〜まずは小さな工事から〜

　手すりの取り付けなど小さい工事から、「プラン」や「見積書」を取ると、業者のレベルがある程度分かります。「小さな工事だから、わざわざ業者に来てもらうなんて申し訳ない」なんて思わなくても大丈夫です。

　業者を選ぶときには、2〜3社に見積を依頼します。

　例えば、「トイレをリフォームしたい」となれば、近所の「水道屋」、地元の「工務店」や「リフォーム会社」に見積を依頼します。遠方の訪問販売業者は避けた方が無難です。

住宅建築の施工は、水道屋、ガス屋、電気屋などの設備工事、壁や床を木材などで造る大工工事や塗装、左官、建具工事など、工事別に分業化されていて、それぞれ得意分野があるので、知っておくと便利です。

〜リフォームの「プラン」や「見積書」のポイント〜

　さて、リフォームを依頼すると、会社の担当者が「見積書」をもってきます。担当者が営業であれば"人柄が良い"ように見えるのは当たり前なので、人柄だけで業者を選ばないようにします。

　リフォームの「プラン」や「見積書」を提示されたとき、次のことに気を付けて業者を見てください。
①「見積書」の内容を分かりやすく説明してくれましたか？
②どのように改修するのか具体的に説明してくれましたか？
③複数のプランと金額を提示してくれましたか？
などです。分からないことは質問して、納得がいくまで説明を聞くことが大切です。

～おすすめのリフォーム業者～

　私は、リフォーム（住宅改修）をする場合、1に「新築のときの施工業者」、次に「地元で看板を掲げている業者」が良いと言っています。
　新築のときの施工業者は別として、地元の業者を選ぶ理由は、
①故障したときにすぐに対応をしてもらえる
②担当工事以外でも困ったときは相談にのってくれる
③近所だと業者側も評判が気になるので、無茶はしないと思われるからです。

POINT!

- いきなり大規模なリフォームをせず、小さなものから始めます。
- 業者を選ぶために、2～3社から見積を取ります。
- 納得ができるまで、説明を受けます。
- 遠方の訪問販売業者は避けた方が無難です。
- 担当者（営業）の人柄で決めない。
- 1に「新築のときの施工業者」、次に「地元で看板を掲げている業者」。

住宅改修の進め方

1. 住宅改修のプロセスとアセスメント ……………………… 22
2. さまざまな専門職との連携 …………………………………… 26
   - ●医療ソーシャルワーカー・ケアマネジャー ……………………… 28
   - ●理学療法士・作業療法士 …………………………………………… 29
   - ●建築士・福祉用具専門相談員 ……………………………………… 30
   - ●福祉住環境コーディネーター ……………………………………… 31
   - ●ｆｊｃ火曜塾(介護保険住宅改修失敗事例検討会) ……………… 32

第2章　住宅改修の進め方

いきなり住宅改修の工程に入る前に、まずしっかりとアセスメントを。ケースごとに異なるニーズをきちんと見極めてからプランを立てることが大切です。

1. 住宅改修のプロセスとアセスメント

住宅改修の依頼があると、専門職は手すりの取り付け位置など、すぐに具体的な改修方法の検討に入ってしまうことがありますが、丁寧なアセスメントで、本人が何を望んでいるかを引き出し、客観的な視点で提案を行う必要があります。

私は、住宅改修のプロセスにおいて、アセスメントが最も重要と考えています。「自立して、安全に、安心して自宅で暮らしていきたい」という願いは、共通した思いでもありますが、その度合や状況は人それぞれ違います。

図 2-1　住宅改修のプロセス

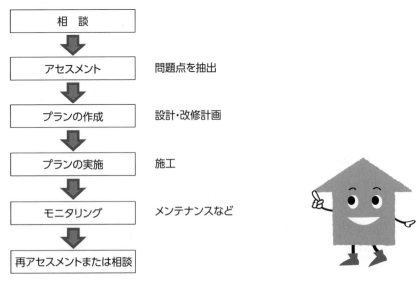

事例 すぐに住宅改修に入っていいの？

Fさん（68歳・女性）は、毎日、洗濯物を干しに2階へ上がるため、階段での転落の危険がありました。Fさんは、要支援1で白血病と診断されていましたが、介護保険のサービスは利用しておらず、決まったケアマネジャーもいない状況でした。

地域包括支援センターの依頼で、自宅へお伺いしましたが、Fさんから「改修なんてしてほしくない」と暗い表情で言われました。その日は暑い日でしたが、窓やカーテンが閉められていました。現地調査をしながら、壁に掛けてある絵を話題に「家族のこと」「病気のこと」「寂しいこと」などをお聞きして泣き、最後には顔を見合わせて笑いました。

「この方には、支える人が必要だ」と感じ、Fさんの了解を得て、地域包括支援センターに電話をしました。担当になったケアマネジャーが意を汲んでくださり、すぐにホームヘルパーに入ってもらえることになりました。それから、1か月後、Fさんから「手すりを付けて」と明るい声で電話が入りました。

POINT!

- 本人や家族の立場になり、よく話を聞きます（もし本人や家族の意見が一致していない場合は、それを調整します）。
- 質問形式ではなく、世間話などをしながら聞きます。
- 自分の意見を押し付けないようにします。

<アセスメントの例>

相談受付票 ㊙			
基本情報		受付日時	2003年7月1日
受付者名	児玉道子	受付場所	電話・(来所)・訪問・その他
利用者名	C様	性別	(男)・女
生年月日(年齢)	1937年1月1日　(66歳)		
利用者の連絡先	住所　○○○県○○市○○町 電話番号　012-345-6789		
相談者名	C様、奥様　(関係　本人、妻)		
相談者の連絡先 (利用者と異なる場合)	住所 電話番号		
生活状況	・両足と片手に麻痺がある ・歩行は、屋内、屋外ともに車いすレベル ・排泄、入浴は全介助、食事は一部介助		
介護サービスの 利用状況	・要介護4。ケアプランは、施設のケアマネジャーが作成している(詳細不明)		
病歴・入院歴	・多発性脳梗塞のため市民病院に入院、リハビリ病院を経て、施設入所		
自宅の状況	・在来工法、木造2階建て ・築20年 ・Cさんの持家		

（介護サービスの利用状況の欄に吹き出し：夫婦ともに介護保険制度のことが分かっていない）

※本票は、"わがやネット"が実施した福祉住環境相談整備事業(2003年度独立行政法人福

　この事例では、自宅に戻ってからの生活が円滑にできるよう、アセスメントをしました。お金のこと、介護のこと、制度のことなどを踏まえて、「住宅改修をどこまで行うか」を一緒に考えました。

日　付	主　訴	
2003.7.1 Cさん	初回相談 ・施設では、リハビリをやってもらえない。	課題1 身体機能の維持
 妻	・このままここにいたら動けなくなる。 ・だから家に帰りたい。 ・自宅で介護する自信がない。 ・自分が仕事をして家族を養わなければならない。	課題2 家庭の介護力
7.15 妻	2回目相談 ・夜間、施設スタッフを呼ぶごとに利用料が加算される。 ・利用料が高く、毎月の支払いが辛い。 ・ケアマネジャーが理由を付けて退所を許してくれない。 ・介護の不安はあるが、自宅でもいいかと思いはじめている。	課題3 お金(利用料)
8.1	訪問調査（自宅の状況を確認） ・道路から玄関までの高低差　　＋1,200mm ・ポーチ〜玄関〜ホールの段差　＋450mm ・トイレ、洗面、浴室の広さ ・廊下の幅 ・寝室〜水回りへの移動と扉の開閉方法	課題4 段差があり、車いすの利用困難 課題5 狭いため、車いすの利用困難 課題6 開き戸のため、開閉困難

社医療機構助成事業）で作成した「相談受付票」をもとに作成。

POINT!
- 現状の課題を抽出し、解決策を見出します。
- 住宅改修をすることで、「自分でできることを増やす」ことも、目的の一つです。
- 住宅改修をきっかけに生活再建を目指します。

2. さまざまな専門職との連携

　在宅で生活をしている高齢者などの住環境整備は、多角的な視点から実施しなければなりません。そのためには関係する専門職の連携と協働が不可欠ですが、このとき、本人や家族、専門職の調整をするのはどのような専門職でしょうか。

　介護保険を利用した住宅改修であれば、ケアマネジャーの役割だと思いますが、実際には、「住宅改修は分かりにくいから業者にお任せにしている」という話も耳にします。

　次の図は、退院時に介護保険を利用して住宅改修をする場合の流れです。一般的に、急性期から回復期になると、理学療法士や作業療法士による機能回復の訓練を受けます。同じ頃、家族が医療ソーシャルワーカーの助言を受けて、市町村に要介護認定の申請をします。要介護と認定されれば、居宅介護支援事業所を選び、そこに在籍しているケアマネジャーが紹介されます。ケアマネジャーがケアプランを作成する傍ら、建築士などの住宅改修の専門職へとつなげます。

図 2-2　退院時における介護保険を利用した住宅改修の流れ

```
        病院（医療相談室とリハビリ室）
    医療ソーシャルワーカー、理学療法士・作業療法士

              市町村（介護保険課）
                要介護認定の申請
     要支援1・2              要介護1～5

  ┌──────────────┐     ┌──────────────┐
  │地域包括支援センター│     │居宅介護支援事業所│
  │              │     │ケアマネジャー  │
  │              │     │（介護支援専門員）│
  └──────────────┘     └──────────────┘

        建築士、福祉用具専門相談員、
       福祉住環境コーディネーター など
```

> **事例** 元の生活を望むGさん
>
> 　Gさん（95歳・女性）は、庭の手入れが日課でしたが、いつものように縁側から庭へ出ようとした際に転倒して大腿骨を骨折しました。同居している息子夫婦は、Gさんの年齢から、車いすを使用した生活にした方がいいと考え、床を全部フローリングにし、敷居の段差をなくしてほしいということでした。
>
> 　私はGさんが入院している病院へ行きました。担当の理学療法士から「Gさんは、段差が15cm程度なら昇降できます。上肢は異常がなく、握力も問題ない。現在は歩行車ですが、徐々に杖を使用した歩行に訓練を変えていきます」と説明を受けました。
>
> 　見学をしていて驚いたのは、Gさんが歩行車を使いながらリハビリ室を何回も周って練習をしている姿でした。Gさんは車いすに乗る生活を望んでいないと感じました。「早く元の生活に戻りたい」という一心が、痛いほど伝わってきました。

POINT!

- 理学療法士、作業療法士などの医療系の専門職と連携し、本人の身体能力を把握し、生活および環境を的確に捉えるようにします。
- 住宅改修は、利用者の現状だけではなく将来を予測したうえで、その時期、および方法を検討することが大切です。

＜専門職、それぞれの役割＞

●医療ソーシャルワーカー

　病院など保健医療機関において相談に応じ援助をする人です。病院によって名称が違いますが、「医療相談室」などに在籍しています（ただし、すべての病院にいるわけではありません）。

　入院中だけでなく、退院後の在宅生活のための情報提供や相談にのってくれます。

●ケアマネジャー

　正式には"介護支援専門員"といいます。介護が必要な人のためにケアプラン（介護保険制度の居宅サービス計画書など）の作成を行うなど、在宅生活を支える専門職の中心的役割を果たします。

　介護保険制度を利用した住宅改修では、「理由書」を作成してもらいます。

●理学療法士

リハビリの専門職で"PT"と呼ばれます。身体に障害のある人に、寝返り、起き上がり、立ち上がり、歩行など生活動作を改善する訓練を行います。

ご本人の身体的機能を把握しているので、病院から在宅生活に戻る際には、住宅改修の助言をすることができます。

●作業療法士

リハビリの専門職で"OT"と呼ばれます。主に家事、手工芸などの作業を用いて訓練を行います。

"PT"とともにリハビリの中心的役割を果たしているので、病院から在宅生活に戻る際には、住宅改修の助言を受けると役立ちます。

●建築士

　建築物の設計や工事監理(設計図通りに施工されているかチェックすること)を行う専門職です。1級建築士・2級建築士・木造建築士の3種類があります。

　建築の専門職であり、住宅改修のさまざまな助言をもらうことができます。

●福祉用具専門相談員

　介護保険制度で、福祉用具を貸与または購入する場合に、相談・援助を行う人です。福祉用具貸与(販売)事業所には、2名以上の福祉用具専門相談員を配置することが定められています。

　住宅改修を行う場合、福祉用具を併用することが多いので、連携することが大切です。

●福祉住環境コーディネーター

　東京商工会議所が主催する福祉住環境に関する検定試験で、1級・2級・3級があります。資格取得者には、福祉・医療・建築関係者など多彩な人がいます。

　2級以上の者には、一定の条件のもと、「住宅改修の理由書」の作成を認めている市区町村があります。

● fjc 火曜塾（介護保険住宅改修失敗事例検討会）

　2014年、"愛・地球博開催地域社会貢献活動基金"（あいちモリコロ基金）の助成を受けて、"介護保険制度における住宅改修を失敗事例から学ぶ"検討会事業を実施しました（写真2－1）。住宅改修の失敗事例を収集し、改善策を検討することで、問題解決の糸口にしようとの試みでした。

　参加者は、ケアマネジャー、理学療法士、介護福祉士、社会福祉士、建築士などでしたが、福祉住環境コーディネーター取得者が大半であったことと、「会の名前が長すぎて会場がわからない」と参加者から指摘があったことから「fjc 火曜塾」の通称を使うようになりました。

　1年間で、発表事例数33、課題数145、改善・再発防止策120の実績をあげました。「失敗は成功のもと」で、スキルを高めるためにも、とても効果的だと思います。

写真 2-1　"fjc 火曜塾"の様子

住宅改修の実際

1. 手すりの取り付け ……………………………………………………… 34
   - ●手すりの取り付け位置 …………………………………………… 36
   - ●壁の下地 …………………………………………………………… 37
2. 段差の解消 ……………………………………………………………… 38
   - ●段差を解消する方法とポイント ………………………………… 40
3. 床材の変更 ……………………………………………………………… 44
   - ●床材の選び方 ……………………………………………………… 46
   - ●床の構造と床材 …………………………………………………… 47
4. 引き戸などへの扉の取り替え ………………………………………… 48
   - ●扉の種類と留意点 ………………………………………………… 50
5. 洋式便器などへの便器の取り替え（トイレの改修）……………… 52

第3章　住宅改修の実際

　高齢期の住宅改修は、身体機能の低下を補う工事が多くなります。特に多いのが、"手すりの取り付け"と"段差解消"の工事です。

　3章では、住宅改修のポイントなど事例を使って紹介します。

1．手すりの取り付け

　手すりは、足・腰への負担を軽減し、歩行を安定させることができます。加えて、転倒の防止対策にも有効です。

　取り付けにあたっては、本人の要望、身体の状況、建物の下地などを考慮して、適切な手すりを選びます。

　例えば、「廊下の壁に伝い歩きをしているとき」や「ふらつく症状があるとき」は、"横手すり"を使用します（写真3－1）。

　また、事例で最も多いのが、トイレの"L型手すり"で、手すりの「縦の部分」は立ち座りを楽にする役割が、「横の部分」は安定を保つ役割があります（写真3－2）。

写真3－1　横手すり

写真3－2　L型手すり

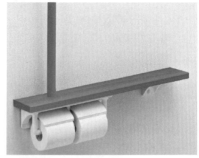

※「横の部分」が棚状で、プッシュアップがしやすくなっています。(LIXIL)

> **事例** いきなり現地調査!?
>
> 　Hさん（73歳・男性）は、脊柱管狭窄症の手術が無事に終わり、一時退院の日に、現地調査を行うことになりました。私はリフォーム会社の担当者が来る前に到着していたので、Hさん夫妻から、退院後の生活の要望、リハビリの様子、手術に至った経緯などをお聞きしていました。
>
> 　しばらくして、リフォーム会社の担当者がやってきました。彼は「この疾病は以前関わったことがあるので大丈夫ですよ」と言って、玄関から入って、廊下、トイレ、浴室と現状の図面（スケッチ）を描き始め、彼の後にHさん夫妻と私がついていきました。
>
> 　これでは非効率です。例えば、手すりは、本人の身体状況などによって取り付け位置が異なります。最初に本人を見ておけば、建物の下地など確認しながら現地調査ができます。

＜現地調査のマナーとポイント＞
　①まずは、あいさつをします。
　②部屋に通されるときに、壁に付いた手の跡を見ます。
　③通された部屋で、本人と主たる介護者の要望を聞きます。
　④その場で、立ち座り動作を観察します。
　⑤立ち座り動作の際に、どこかに痛みがあるか聞きます。
　⑥握手をしてもらい、どの程度握力があるかを確認します。
　⑦トイレや洗面所、浴室へ歩いてもらい、動線上の危険を確認します。
　⑧歩行中の足の動き、手の動きを観察します。
　⑨本人や介護者が"気になっていること"を聞き取ります。
　⑩現地調査での"気づき"を本人や介護者に伝えます。

> **POINT!**
> ●まずは、"あいさつ"、そして"本人を観察する"ことです。
> ●壁の汚れは、"手すりが欲しい"というサインの場合があります。
> ●手すりの商品知識も必要です。

●手すりの取り付け位置

　手すりの位置を決める前に、まず本人と握手をします。握る力を確認するためですが、円滑に打合せをするためでもあります。

　手すりの取り付け位置もポイントの一つで、①"縦手すり"は、便器の先端から200〜300mm程度で、高さは肩の高さから100mm程度、②"横手すり"は、便器の座面から、220〜250mm程度。歩行用は750〜800mm程度、③"L型手すり"は、「縦の部分」が縦手すり、「横の部分」が横手すりの位置で、という目安になります（図3−1，2）。

　目安の位置は、改修工事に関わる人は覚えておいた方がよいと思いますが、体格や痛みがある箇所などによって、適切な位置は一人ひとり違います。

　実務では、「目安の位置？」それとも「少し前の方がいいか？」など、手すりを壁にあてがって、本人に位置を確認してもらいます。

図3−1　手すりの取り付け位置　　図3−2　手すりの取り付け高さ

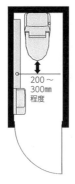
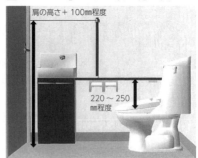

●壁の下地

　手すりは、壁の下地にしっかり固定されていないと、ぐらついたり、ネジが抜けて外れたりして危険です。

　壁の下地は、一般的に、プラスターボードなどの「面の材料」と、柱・間柱などの「線の材料」で造られています。

　手すりなどを「面の材料」に固定しても不安定で、危険な場合もあるので、「線の材料」に固定します（図3－3, 4）。

図3－3　洋室

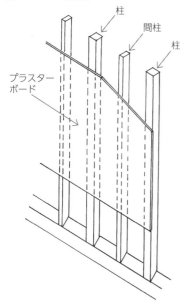

図3－4　和室

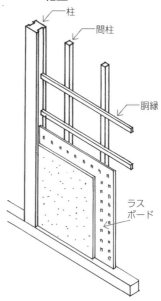

> **POINT!**
> ●手すりの位置の目安はありますが、人によって違います。
> ●手すりは、壁の下地にしっかりと取り付けます。
> ●壁の下地の構造を把握しておきます。

2. 段差の解消

　最近、家の中もバリアフリー化が進んでいますが、古い日本家屋には、至るところに"段差"があります。

　元気なときは問題がない段差も、病気やケガなどで身体機能が低下すると、不便・不自由な生活になってしまいます。体を動かすことができず、トイレへ行くこともままならず、寝たきりになってしまう可能性もあります。

　なお、段差には、それぞれ意味があるので、知っておくとよいと思います。例えば、「畳の部屋」は他の部屋より高くなっていますが、もともと、地位と格式を表していました（写真3－3）。「浴室」の段差は、脱衣室に水があふれてこないためです（写真3－4）。

　段差の解消場所として多いのが、浴室、トイレ、玄関、和室です。また、解消方法として多いのが、「床のかさ上げ」（写真3－14、15、P.43）、式台（写真3－6、P.41）、「すのこ」（写真3－10、P.42）です。

写真3－3　畳の部屋

（名古屋城本丸御殿）

写真3－4　浴室（段差）

事例 とにかく外出だけでも…

　大腿骨を骨折したIさん（98歳・女性）は、リハビリでは廊下などの平坦なところは歩行できていましたが、段差があるところでは介助が必要でした。

　その後、退院し自宅に戻ってきたものの、段差だらけの自宅では、トイレに行くのもままならない状況になってしまいました。このため、ポータブルトイレを使用していました。

　「このままだとIさんは寝たきりになる可能性がある。デイサービスの送迎にも支障があるので、住宅改修の提案をして欲しい」と、ケアマネジャーから相談がありました。

　Iさん宅の場合、"中2階"（スキップフロア）があり、室内の段差解消を行うと、大掛かりな工事になると予想されました（図3－5, P.40)。そこで、アプローチを変更し、動線上の2か所に段差解消機を設置して、庭から室内に入る方法を提案しました。

　改修の結果、Iさんは、段差解消機を使って道路まで下りることができるようになりました（図3－6, P.40)。

POINT!
- 新築するときは、"将来をイメージ"します。
- 段差には意味があります。
- 段差を解消する前に、まず「困っていること」を把握します。

●段差を解消する方法とポイント

図3−5　高低のある傾斜地に建つIさん宅の断面図

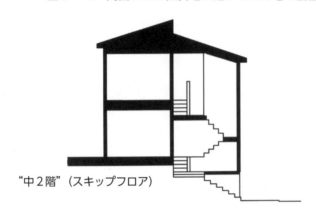

"中2階"（スキップフロア）

図3−6　Iさん宅の平面図（住宅改修後）

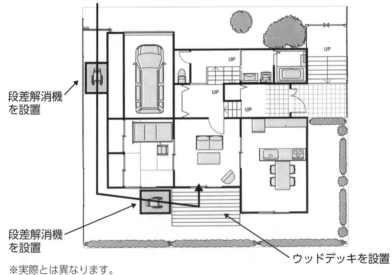

アプローチを変更して段差を解消
段差解消機を設置
段差解消機を設置
ウッドデッキを設置

※実際とは異なります。

〈玄関〉

写真3-5 上がり框の段差

写真3-6 式台
- 歩ける人用
- 框(かまち)にネジで留めます。

〈アプローチ〉

写真3-7 スロープ
- 車いすや歩行車利用者用
- スロープを造る場合は、1/12～1/15以下の緩やかな勾配にします。

写真3-8 段差解消機(いうら)
- 福祉用具
- 車いすを押す力が不要なので、介助者の負担が軽減されます。

> 👉 **POINT!**
> ●玄関以外の出入りの動線も検討して、段差の解消方法を検討します。
> ●複数の方法があるので、費用対効果のバランスを考えます。

〈浴室〉

写真3－9　段差

写真3－10　すのこ
・福祉用具
・"すのこ"を造る場合は、小分けにして、掃除がしやすいようにします。

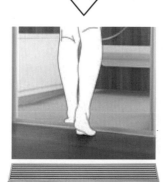

写真3－11　(LIXIL)
・床の段差をコンクリートで解消する場合は、扉の下に排水溝を設け、脱衣室へ水が流れないようにします。

POINT!

- 浴槽の縁の高さは、立ち座りがしやすい高さにします。
- 床の段差を上げると、浴槽の縁の高さが変わります。

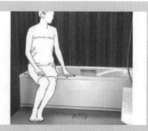

写真3－12　(LIXIL)

〈トイレ〉

写真3－13　段差

写真3－14
木下地でかさ上げ
・大工工事で床を上げます。
・便器をかさ上げしない場合は、「補高便座」で高さを調整します。

写真3－15
コンクリートでかさ上げ
・コンクリートで床を上げるので、乾くまで日数がかかります。

写真3－16（LIXIL）
補高便座

> 👉 **POINT!**
> ●水回り（トイレ、浴室）の改修中は、利用ができず不便です。要領よく工事を進行させます。

3. 床材の変更

　新築で床材を選ぶ場合は、好みや趣味に合わせて素材を選ぶことが多いと思います。和風庭園の"飛び石"は美しいですが、車いすを利用するようになったときは、"飛び石"が障害になるので、撤去したり、埋め込んだりします。

　畳の床は、クッション性もあり歩行している分には良いのですが、車いすの操作がしにくいので、床材を変更することもあります。

　一般的には、歩行ができる場合は"滑りの防止のため"①タイルカーペットやニードルパンチなどを選び、車いすを利用する場合は"移動が円滑にできる"②コルクタイル、③クッションフロア、④フローリングなどを選びます。

写真3－17

①タイルカーペット（サンゲツ）

写真3－18

②コルクタイル（サンゲツ）

写真3－19

③クッションフロア（サンゲツ）

写真3－20

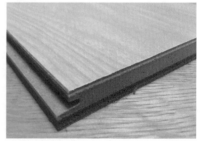

④フローリング（ノダ）

> **事例** 高級な材料がいいとは限らない
>
> 　Jさん（75歳・男性）は、脳梗塞で倒れたものの軽度だったため装具は着けていませんでしたが、歩行時に杖を使用していました。妻も、すり足で歩行している状況でした。
>
> 　ある日、Jさん宅に訪問するとJさん夫妻、大工とその紹介者、ケアマネジャーの5人が待っていました。家の中に入った途端、何か"いやなムード"を感じました。まず口を開いたのは大工で「あんた何しに来た？」でした。
>
> 　私は、「ケアマネジャーから『見積と工事内容を確認して欲しい』と相談があったので来ました。ところで、この見積書にある床材はどういう材料ですか？ 1㎡あたりの単価が1万円以上するので、教えて下さい」と切り出しました。
>
> 　「これを使う」と大工が差し出したのは、無垢材のフローリングでした。ここで疑問を感じたのは、「なぜ高級な材料を選定したのか？」ということです。
>
> 　Jさん夫妻に廊下を歩いてもらいました。ふと気づいたのが、真夏の暑い時期なのにJさんの妻が毛糸の靴下を履いていたことでした。
>
> 　疑問に感じ、理由を尋ねたところ、娘の頃から極度の冷え症で夏でも足が冷たいとのことでした。
>
> 　床材は、「フローリングではない」と判断し、タイルカーペットを敷き詰める案を提案しました。工事代金は、ずいぶん安くなりました。

☞ POINT!
- まずは、本人の歩行状況を確認します。
- 床材は、自立した歩行ができるのか、車いすを利用した生活なのかで、選び方が変わってきます。

●床材の選び方

　カタログで床材を選ぶことも多いのですが、できればサンプルを取り寄せて素材や肌触りを確認します。

　また、床材の"厚さ"を調べておくと良いと思います。"厚さ"を検討しないと、数mmの段差ができて「納まりが悪いもの」になります。

　床材の変更で多い事例は、次の図の通りです。

図3-7　床材の変更で多い事例

〔浴室〕 床が"タイル"で滑りやすい		・ユニットバス ・ノンスリップタイル ・シート貼
〔廊下〕 "フローリング"が滑りやすい		・タイルカーペット ・コルクタイル ・ニードルパンチ
〔トイレ〕 床が"タイル"で転倒の恐れがある		・クッションフロア ・耐水性があるフローリング ・ノンスリップタイル
〔和室〕 "畳"で車いすが操作しにくい		・フローリング ・タイルカーペット
〔アプローチ〕 道路から玄関までの通路に"飛び石"があり、転びやすい		・刷毛引き仕上げ ・玉砂利洗い出し ・ノンスリップタイル

＜留意点＞
- クッションフロアには水に濡れると滑りやすい商品があります。
- フローリングやコルクタイルには傷がつきやすい商品があります。
- ノンスリップタイルは凸凹があります。

●床の構造と床材

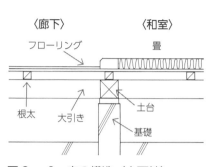

図3-8 床の構造（木下地）

写真3-21
和室の段差と廊下のフローリング

写真3-22
フローリングから畳へ変更

- "バリアフリー"というと、「畳をフローリングに変える」というイメージを持つ方が多いかと思いますが、「畳に変える」という選択肢もあります。
- 最近の畳は、断熱材に使用する発泡スチロールで畳床が作られているので、保温性もあり、フローリングよりクッション性があります。

POINT!
- ●床材は、"特徴"と"厚さ"を調べます。
- ●サンプルを取り寄せてイメージと違わないか確認します。

4. 引き戸などへの扉の取り替え

　一般的に和室では、"引き戸"（写真3－23）、洋室や浴室、トイレでは、"開き戸"が使われています。"開き戸"は、密閉性が高く、プライバシーが保たれるなどの利点がありますが、身体に障害がある方などの場合には適していません。特に、内開きの"開き戸"はトイレや浴室内で倒れた場合に、救助が難しくなるので、要注意です。

　毎年、建築学科の学生を対象に、"高齢者疑似体験"を行っていますが、"開き戸"の場合、扉を手前に引くと、車いすに当たってしまい、開閉が難しいことに初めて気がつく学生が大半です（写真3－24）。

　実務では、扉を取り替える場合、本人に開閉してもらって、不具合がないか見ます。握り玉（レバーハンドル）の操作性や扉が重くないかも確認します。

　事例として多いのが、①"内開き戸"から"外開き戸"への変更、②"開き戸"から"引き戸"や"折戸"への取り替えです。

写真3－23　引き戸

写真3－24　開き戸

（ノダ名古屋ショールームにて）

事例　扉の開閉が危険！

　かかりつけ医から「レビー小体型認知症か水頭症が疑われる」と診断されたKさん（68歳・女性）の楽しみは、宅配で届くお弁当を玄関まで取りに行くことでした。お昼近くになると「もうお弁当が届いたのでは？」と、何度も夫（72歳）に聞いていました。

　玄関の扉が"バタン"と音がすると、おもむろにベッドから起きて、ふらつきながらも、寝室の扉を開けて、廊下の壁を伝いながら、お弁当を取りに行く姿が印象的でした。

　住宅改修では、壁に手すりの取り付けと、動線上の扉の取り替えを検討しました。

図3-9　Kさん宅の平面図と動線

①引き戸…戸車を取り替える。
②内開き戸…外開きに変更する。
③内開き戸…"扉"を撤去する。
④内開き戸…折戸に変更する。
⑤防寒のためのアコーデオンカーテンを取り付ける。

POINT!

- まずは、本人の動作と動線を確認します。
- 身体に障害がある場合、"開き戸"は適していません。
- 内開きの"開き戸"は要注意です。

●扉の種類と留意点

(1) 片引き戸

写真3－25　(LIXIL)

"片引き戸"はバリアフリーの代表格です。上吊り式の戸があり、少しの力で開閉できるようになりました。

また、「アウトセット」といって、壁を壊さずに、既設の壁に取り付けることができるものがあります。

(2) 折戸

写真3－26　(LIXIL)

"片引き戸"に変更できない場合、"折戸"を採用することがあります。

ただし、扉が折れたときに、扉の厚みで開口部が狭くなるので注意します。

(3) 三枚引き戸

写真3－27　(LIXIL)

"三枚引き戸"は、"片引き戸"よりも有効な幅が広く取れます。

トイレ内の空間が狭い場合、扉を開ければ、廊下も使って介助エリアを確保することができます。

(4) アコーデオンカーテン

"アコーデオンカーテン"は、簡易な間仕切りとして使われます。

車いすを利用してもその場を動かずに開閉でき、移動がスムーズにできます。

写真3－28 (タチカワブラインド)

(5) その他

写真の扉は、"開き戸"の一種です。扉を引いても身体があおられにくくなっています。

この他に、"開き戸と折戸"や"三枚引き戸と開き戸"を組み合わせて開発されたものもあります。

写真3－29 (ノダ)

POINT!

- 扉の特徴(メリット・デメリット)を把握します。
- 採用を検討する際にはショールームで開閉を体験してもらいます。
- 扉ごとに制約があり、取り付けできないことがあるので、施工業者に確認します。

5. 洋式便器などへの便器の取り替え（トイレの改修）

2006年身体障害児・者実態調査結果（厚生労働省）によると、住宅の改修場所は「トイレ」が67.2％で最も多く、次いで「浴室」の63.4％となっています。

私は介護保険を利用した住宅改修について調査したことがありますが、「トイレ」と「浴室」が多く、次いで「玄関」「廊下」で、上記調査と同じ傾向でした。[6]

図3-10　住宅改修の内容　　　　　　　　　　　　（複数回答あり）

浴室	トイレ	玄関	廊下	その他
44	43	33	26	55

出典：児玉道子他「介護保険制度下における住宅改修（訪問相談）の実態と課題 日本建築学会技術報告集」2009

住宅改修で「トイレ」が優先される理由としては、
①排泄に伴う動作が複雑　②個人差はあるものの使用頻度が高い
③伝統的な和式トイレが高齢者や障害者にとって使いづらい
などが挙げられます。

実際に、トイレの改修は、利用者の自立と介助者の負担軽減につながることが多いので重要です。

写真3-30
変わるトイレ空間
(LIXIL)

事例　トイレで難儀

　ある日、病院併設の居宅介護事業所のケアマネジャーから、「患者のLさん（93歳・女性）がトイレで難儀している様子なので見に行って欲しい」と依頼がありました。

　Lさんは、夫と息子の3人で暮らしていましたが、膝関節に痛みがあるため、床からの立ち座りが辛そうでした。もっぱら、台所のいすに座って、食事やテレビを見ている時間が長いようでした。

　トイレは、和式の大・小便兼用便器（「汽車式便器」ともいいます）で、その上に簡易のポータブル便器が置いてありました。

　Lさん宅のトイレの改修は、①手すりの取り付け、②段差の解消、③洋式便器などへの便器の取り替えで、事例として多いのもこの3種類です。

図3－11　トイレの改修平面図

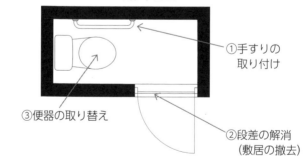

POINT!

- 介護保険を利用した住宅改修の事例で多いのがトイレと浴室です。
- トイレの改修は自立と介助者の負担の軽減につながるので、重要です。

＜Lさんの事例における改修の視点＞

視点 \ 改修の種類	手すり	段差の解消	洋式便器等への便器の取り替え
Lさんの動作	・便座の高さを決めてから、手すりの位置を検討する。 ・前かがみになって立ち上がるので、手すりは便器先端よりも200〜300mm程度離れた位置になる。	・足のつま先が上がっておらず、すり足歩行のため敷居を撤去する。	・立ち上がりやすい便座の高さを確認する(いすの高さで確認できる)。
福祉用具の使用	・歩行器や車いすなどを使用することを想定し、手すりが邪魔にならない位置にする。		・規格品がなければ、補高便座(福祉用具)で対応できる。
トイレ内・出入口・動線	・壁や柱に手をついて歩行していたので、その部分が汚れていた。その箇所に手すりの取り付けを検討する。	・トイレ出入口だけでなく、寝室からトイレまでの動線上の段差もチェックする。	

第4章

地震による家具類の転倒防止対策

1. 大地震の負傷被害と家具固定の必要性 …………………… 56
   ● 阪神・淡路大震災の映像から ……………………………… 56
   ● 大地震による負傷者と負傷原因 …………………………… 58

2. 地震による室内の状況
   ● 震度4から危険! ………………………………………… 60
   ● 高層マンションは揺れに弱い! …………………………… 60

3. 自宅における家具類の転倒防止対策
   ■ 家具類の配置を点検する ………………………………… 62
   ■ 家具をL字金具やベルト式で固定する方法 ……………… 66
   ■ 家電製品などの固定方法 ………………………………… 68
   ■ 部屋別・環境整備ポイント1 ……………………………… 70
   ■ 部屋別・環境整備ポイント2 ……………………………… 72
   ● あなたのお宅は大丈夫? チェックリスト ………………… 74
   [コラム]
   ● かぐてんぼう隊(家具転倒防止ボランティア)養成研修 …… 75
   ● 防災教育チャレンジプラン(すすめ! かぐてんぼう隊) …… 80

第4章　地震による家具類の転倒防止対策

1．大地震の負傷被害と家具固定の必要性

"わがやネット"では、2004年から社会貢献活動として、「高齢者などの自宅の家具が転倒しないよう固定する活動」を行っています。

当初は、建築学科の大学生と活動していましたが、その後、社会福祉協議会・消防署・防災ボランティアグループ・町内会などと連携し、地域に根差した活動へと広がりを見せています。

この活動の"きっかけ"となったのが、Mさんの住宅改修でした。

●阪神・淡路大震災の映像から

Mさんは、73歳、脳梗塞による左片麻痺で、70歳になる妻と寝たきりの母の3人で暮らしていました。

Mさんからの要望は、「トイレと浴室（の改修）を考えてほしい」ということでした。

改修工事中、阪神・淡路大震災の映像がテレビで流れ、それを見ていたMさんは、「こんな体になってしまって家族を守れない。母親をどうやって避難させればいいのか？」と不安を訴え、一緒に危険箇所を点検することになりました。

図 4-1 Mさん宅の平面図

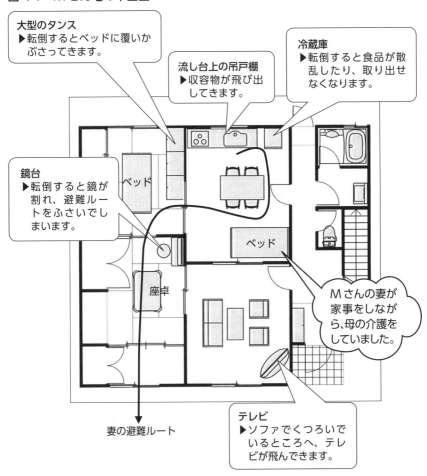

POINT!

- 家の中の危険箇所を点検します。
- 住宅改修の際、ついでに家具類を固定します。

●大地震による負傷者と負傷原因

　東日本大震災では、津波の被害が大きく、家具類の転倒による被害はほとんど報道されませんでした。しかし、それ以前に発生した大地震では、負傷被害が発生していることが、東京消防庁の調査によって明らかになっています。

　図4-2は、宮城県北部、新潟県中越、十勝沖地震の際に救急搬送された負傷原因です。「家具類の転倒・落下物」によるものが最も多く、次いで「本人転倒」、「ガラス・鋭利物」となっています。

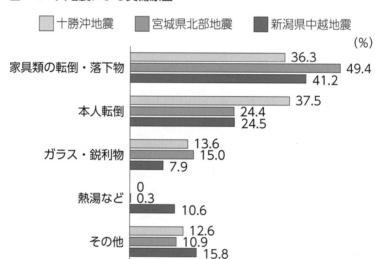

図4-2　大地震による負傷原因

　図4-3は、宮城県北部地震による負傷者の年代と性別です。60歳以上で58.3%、女性が60%を超えています[7]。

　これらのデータから、大地震時においては、高齢者と家で過ごす時間の長い女性が多く負傷していることと、家の中が危険であることが分かります。

図 4-3 宮城県北部地震による負傷者の年代・性別

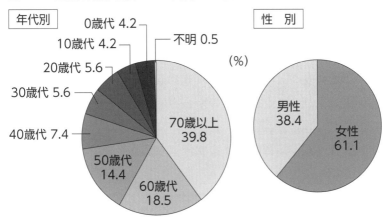

年代別
- 0歳代 4.2
- 10歳代 4.2
- 20歳代 5.6
- 30歳代 5.6
- 40歳代 7.4
- 50歳代 14.4
- 60歳代 18.5
- 70歳以上 39.8
- 不明 0.5
(%)

性別
- 男性 38.4
- 女性 61.1

出典：東京消防庁の実施した地震による負傷者の調査結果

> **POINT!**
> ● 家の中は、必ずしも安全とは限りません。
> ● 地震のとき救急搬送された負傷原因で「家具類の転倒・落下物」によるものが一番多くなっています。

2. 地震による室内の状況

●震度４から危険！

　地震が起きたとき、震度３くらいまでは揺れを感じても、室内で何かが転倒することは滅多にありません。しかし、震度４以上になると電灯などのつり下げたものが大きく揺れ、室内が危険な状況になります。

　右の表で、実際にどのような状況になるか、あらかじめ把握しておきましょう。

●高層マンションは揺れに弱い！

　マンションの低層階では揺れを感じる程度の地震だとしても、高層階になればなるほど、揺れが大きくなる傾向があり、家具類が転倒・落下、移動するなどの危険が高まります。

　これは長周期地震動が一因と考えられています。特にピアノやワゴンなど、キャスター付きの家具類は移動しやすいので注意が必要です。

図4-4　重いピアノも移動する

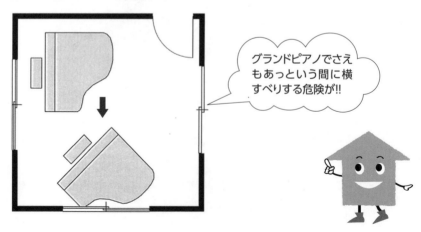

図 4-5　震度と揺れの状況

震度階級	人の体感・行動	室内の状況
4	歩いている人のほとんどが、揺れを感じる。	棚にある食器類は音を立てる。座りの悪い置物が倒れることがある。
5弱	大半の人が恐怖を覚え、ものにつかまりたいと感じる。	棚にある食器類、書棚の本が落ちることがある。固定していない家具が移動することがある。
5強	大半の人が、ものにつかまらないと歩くことが難しいなど、行動に支障を感じる。	テレビが台から落ちることがある。固定していない家具が倒れることがある。
6弱	立っていることが困難になる。	固定していない家具の大半が移動し、倒れるものもある。ドアが開かなくなることがある。
6強	立っていることができず、はわないと動くことができない。揺れにほんろうされ動くこともできず、飛ばされることもある。	固定していない家具のほとんどが移動し、倒れるものが多くなる。
7		固定していない家具のほとんどが移動したり倒れたりし、飛ぶこともある。

出典：気象庁震度階級関連解説書より作成
http://www.jma.go.jp/jma/kishou/know/shindo/kaisetsu.html

POINT!
- 震度別の揺れの状況を把握しておきます。
- 高層階は揺れが大きくなる傾向があります。

3. 自宅における家具類の転倒防止対策

■家具類の配置を点検する

①避難経路をふさがない

図 4-6

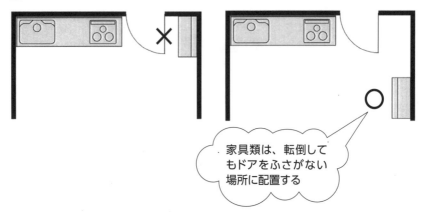

②廊下をふさがない

図 4-7

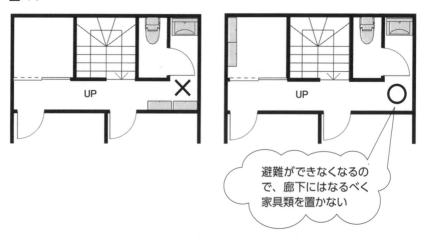

③「寝る場所」には、原則として家具類は置かない

図 4-8

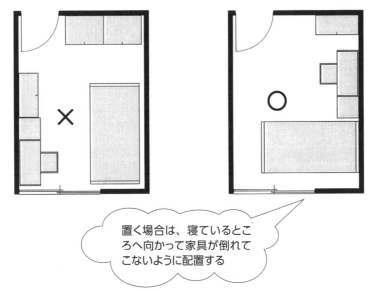

置く場合は、寝ているところへ向かって家具が倒れてこないように配置する

④「座る場所」に大型家具は置かない

図 4-9

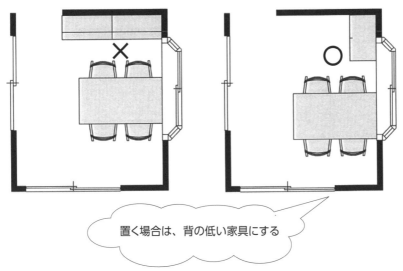

置く場合は、背の低い家具にする

図 4-10　家具類の転倒防止対策器具の種類と効果

L字金具	・L字金具は最も安定している。 ・下向き取り付け方法が最も効果が大きい。 ・上部を固定しているため、下部が揺れることがある。
ベルト式	・ベルトの緩みにより、家具の移動や部品の破損などが生じる場合がある。 ・金具がベルトにぶらさがり、家具下部から浮き上がる危険性がある。
チェーン式	・家具がチェーンにぶら下がり、家具下部から浮き上がる危険性がある。 ・震度6強以上でチェーンの破断により固定がはずれ、滑りやロッキングが発生する可能性がある。
ストッパー式	・ストッパーが家具の下から抜けて機能しなくなるケースがある。 ・震度6弱以上になると、器具が離脱し、家具が転倒する危険性が高い。
マット式	・貼り付け面にほこりが付着している場合、粘着性が低下する。 ・震度6弱以上になると、器具が離脱し、家具が転倒する危険性が高い。

■ 第4章 地震による家具類の転倒防止対策

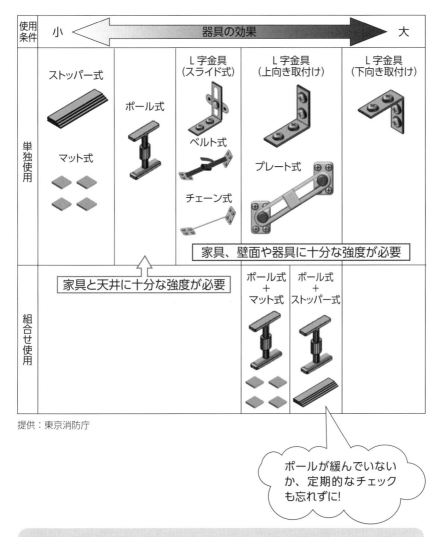

提供：東京消防庁

> ポールが緩んでいないか、定期的なチェックも忘れずに!

> 👉 **POINT!**
> ● 家具をL字金具で壁に直接、ネジで固定する方法が最も効果が大きくなっています。
> ● ベルト式やポール式の器具は、ストッパー式やマット式と組み合わせます。

■家具をL字金具やベルト式で固定する方法

①下地を探す

　壁の中の下地を、市販の針タイプやセンサーなどの下地探し器で、確認します。台所用品の"すりこぎ"で叩いて、"コンコン"という音で下地を調べる方法もあります。

②L字金具やベルト式などの固定器具で留める

　"わがやネット"では、原則としてL字金具やベルト式で家具類を固定しています。

　壁と家具の下地があるところに、ネジで固定器具を留めます。

　下地がない場合は、補強板を取り付け、そこに固定器具を留めます。

写真4-1　L字金具（大石製作所）

③ストッパー器具を家具の足元へ

　ベルト式の場合は、家具の足元へストッパーを取り付けます。ストッパーの長さは、商品の取扱説明書に従ってください。家具と同じ幅か少し大きめに使用する商品と部分的に使用する商品があります。

■第4章　地震による家具類の転倒防止対策

写真 4-2　ストッパー式器具（大石製作所）　写真 4-3　部分的に使用する商品

④二段式など重ね家具の場合

　二段に分かれている家具は、ネジで上下を固定したり、金具で連結します。下段の家具に引き出しがある場合は、ネジが引き出しに飛び出ないよう気をつけます。

写真 4-4　連結金具（大石製作所）

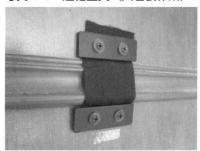

👉 POINT!

●壁側と家具側、それぞれ下地があるところにネジで固定をすることが重要です。
●二段に分かれている家具は、上下を一体にして壁に固定します。

■家電製品などの固定方法

【テレビ】

　液晶テレビの場合、壁掛けのための付属部品を接続するボルト穴を利用してテレビ台に固定します。テレビ台もキャスター留め具などで床に固定します。

写真 4-5　ステーで固定（大石製作所）

【冷蔵庫】

　冷蔵庫の後ろ側にある「取っ手」の穴にベルトを通し、壁にネジで固定します。「取っ手」がない場合は、粘着剤で貼り付けるタイプの器具を使います。

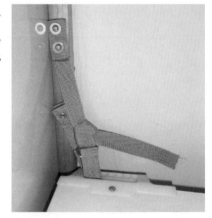

写真 4-6　ベルトで固定（本郷福祉会）

【電子レンジ】

電子レンジは貼り付け式で、レンジ台に固定し、台も床または壁にL字金具で固定します。

写真4-7 貼り付け式で固定
(大石製作所)

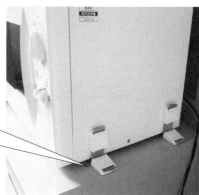

> 貼り付け器具を使用する場合は、ほこりを拭き取ってから貼り付けます。

【その他】

壁にネジで固定できない場合、L型の貼り付け器具や、ポール式に補強板を組み合わせた商品があります。取扱説明書通りに、適切に取り付けます。

写真4-8 ポール式+板
(大石製作所)

POINT!

●粘着剤で貼り付けるタイプの器具は、実験などで効果が実証されたものを選びます。

■部屋別・環境整備ポイント1
【寝室】
　就寝時間帯に発生する地震は、被害が大きくなると予想されています。寝ているときに地震が起きたらどうなるかイメージして、家具類を固定します。

図4-11　〈現状〉　　　　　〈大地震が発生した場合〉

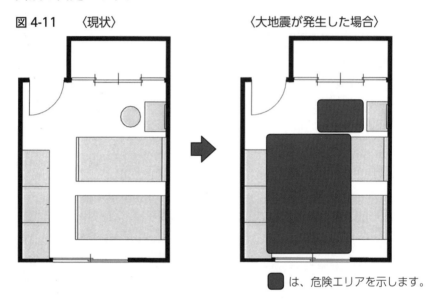

■は、危険エリアを示します。

□対策1
　押入をクローゼットに変更するか、押入の中に家具を低くして固定します。

□対策2
　子どもたちが独立し空いている部屋があれば、その部屋を納戸にして、整理タンスなどの大型家具を集約し固定します。

□対策3
　部屋にある大型家具を移動できなければ、寝室を大型家具のない部屋に替えてしまう方法があります。発想の転換で、倒れてくる家具から身を守ることができます。

【リビング】

ソファでくつろいでいるときに大地震が発生したとイメージします。

リビングボードの扉が開いて、飾られていた民芸品や写真、トロフィーなどが落下し、そして、リビングボード自体も転倒してきます。

キャスター付きのテレビ台は、前後左右に動き、大型テレビは倒れます。

図 4-12　リビングの家具の配置図

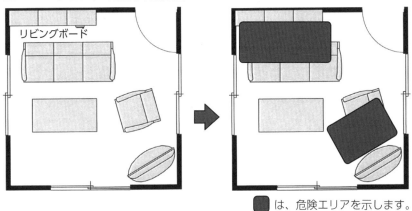

は、危険エリアを示します。

□対策

・テレビ台はキャスターを外して床に固定するか、市販のキャスター留め具を使用して、動かないようにします。
・リビングボードは低い家具にして、L字金具で固定します。
・収容物は、重いものは下へ軽いものは上にして重心を下げます。
・リビングボードのガラスには飛散防止フィルムを貼ります。

> **POINT!**
> ●寝室には基本的に家具類は何も置かないようにします。
> ●やむをえず置く場合は、寝ているところに向かって家具が倒れてこないように固定します。

■部屋別・環境整備ポイント2

【ダイニング】
　地震が発生したら、"机の下へ"と教わった方も多いと思いますが、床がフローリングの場合、テーブルも動き危険です。
□対策
・テーブルの脚の底へ、滑り止めのフェルトやゴムを貼ります。
・テーブルの上の危険なものは片づけるようにします。

【キッチン】
　台所仕事をしているときに、大地震が発生したとイメージします。収容物は飛び出し、造り付け以外の家具は全て転倒するかもしれません。
　命からがら勝手口にたどり着いても、物置が倒れ避難ができないかもしれません。
□対策
・冷蔵庫や食器棚は重量があるので、L字金具やベルトでしっかり固定します。
・ガラスや陶磁器が飛び出して、床に散乱した場合、足の裏を傷付けるので、開き防止器具を取り付けます。
・棚に滑り止めシートを敷いて、お茶碗や小皿などをプラスチックケースに片づけると、収容物が飛び出しにくくなります。

図 4-13　ダイニング・キッチンの家具の配置図

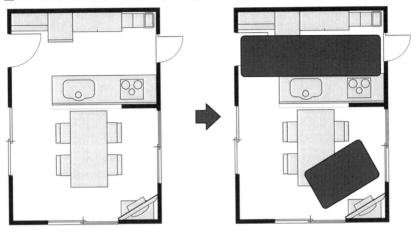

■ は、危険エリアを示します。

写真 4-9　開き防止器具

毎回のことだから"面倒"と思われるかもしれませんが、"習慣"にするといいですよ。

写真 4-10　滑り止めシートとプラスチックケース

家具を固定する際に、食器や物品の整理をおすすめします。

あなたのお宅は大丈夫？ チェックリスト

	チェック内容
寝　室	・タンスは固定してありますか？
	・寝ているところへ向かってタンスなどが倒れてきませんか？
	・上下に分かれている家具は上下を連結させていますか？
ダイニング	・テーブルの上に、落下すると危険なものが置いてありませんか？
	・床がフローリングの場合、テーブルの滑り止め対策はしていますか？
キッチン	・冷蔵庫や食器棚は固定してありますか？
	・食器棚の収容物が飛び出さないよう開き防止器具は取り付けてありますか？
	・食器棚の扉がガラスの場合、飛散防止フィルムは貼ってありますか？
	・重いものは下にして、なるべく重心を下げるように収納していますか？
リビング	・リビングボードやテレビは固定してありますか？
	・リビングボードの扉がガラスの場合、飛散防止フィルムは貼ってありますか？
共　通	・避難経路をふさぐ場所やドアの開閉ができなくなる場所に転倒する可能性のある家具類を置いていませんか？
	・壁の下地材など強度がある部分に固定していますか？

●かぐてんぼう隊（家具転倒防止ボランティア）養成研修

2004年12月、福祉住環境コーディネーターを取得した建築士・ケアマネジャー・社会福祉士・介護福祉士・大工と、建築学科の大学生に呼びかけて、「家具の転倒を防止する活動」（かぐてんぼう隊）が発足しました。

活動に参加した大学生は、知識はあっても現場に出た経験がないので、実践を学ぶ必要がありました。研修は建築学科の卒業生を講師に、1日かけて行いました。午前中は、建物や家具の構造知識や木造耐震診断、電動工具の取り扱いや隊員の安全管理、訪問時のマナーについての座学、午後は、壁の下地の探し方、木材にビスを打ち込む練習、飛散防止フィルムの貼り方などの実習を行いました[8]。

そのとき、大学生向けに「かぐてんぼう隊 施工手順マニュアル」を作成しましたが、その後、改訂を重ねて「かぐてんぼう隊養成テキスト」になりました。家具固定のマニュアルは沢山ありますが、共助の視点で作成されたものは珍しいと思います。進化した「テキスト」は、現在、愛知県の家具固定推進員研修でも使われています。

2005年、愛知県の「持続的防災まちづくり企画提案事業」に採択され、地域住民を対象とした社会人部隊の養成研修を行うことができるようになりました。翌年には、名古屋市守山区において、名古屋市守山区社会福祉協議会と防災ボラネット守山から依頼を受け、災害ボランティア向けに養成研修を行いました（76ページは、2015年に開催された、両団体主催のプログラムです）。

■かぐてんぼう隊養成テキスト（第3版）とプログラム

かぐてんぼう隊養成テキスト
（家具転倒防止ボランティア養成講座テキスト）

大地震等発生時に耐震留具の取り付け・の基本的な知識や技術

家具等の転倒防止対
事務局：一般社団法

スケジュール

09：00	集合・会場設営
10：00	講座開始宣言 進行：鷲見 挨拶：守山消防署予防課長
10：10	家具固定の必要性について 鷲見
10：30	テキストによる家具の固定等について 児玉
12：00	昼食・休憩
12：30	テーブルの移動（4グループに分かれる） 防災映像の上映
12：45	家具固定実技についての説明 フィルム貼り実技についての説明
13：20	家具固定実技（8人×2グループ） 　児玉・畑中・加藤・鷲見 フィルム貼り実技（8人×2グループ） 　吉田・中村・小出
14：20	実技参加者（家具固定とフィルム貼り）の入れ替え
15：20	休憩
15：30	全体での意見交換、アンケート記入
16：00	終了・解散

■飛散防止フィルム貼り講習会

　以前、"わがやネット"では"飛散防止フィルム貼りの講習会"を開催していました。電動工具を使用しないので、一般向け、子ども向けや啓発用の講習として最適です。

＜用意するもの＞

写真 4-11
飛散防止フィルム

写真 4-12　道具
（左上から）スプレー、中性洗剤※、
カッター、ヘラ、定規、カッターマット

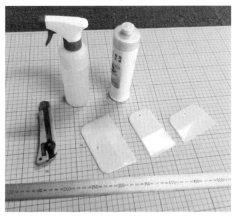

※200ccの水に中性洗剤を2〜3滴入れ"水溶液"を作ります（中性洗剤の界面活性剤の浮力を利用します）。

＜フィルムの貼り方＞

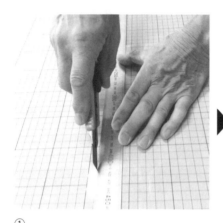

① "カッター"などで、フィルムをカットします。

② "水溶液"をガラスにスプレーします。

⑧ ヘラで空気と水を押し出します。

⑦ "水溶液"をフィルム表面にスプレーします。

■ 第4章 地震による家具類の転倒防止対策

③
"スクイージー"で汚れを取ります。

④
セロテープを使って、フィルムの保護シートを剥がします。

⑥
ガラスにフィルムをのせます。

⑤
"水溶液"をガラスとフィルムの糊面にスプレーします。

> コラム

● 防災教育チャレンジプラン（すすめ！かぐてんぼう隊）

　2012年度、防災教育チャレンジプラン（内閣府）の実践団体に認定され、放課後児童クラブ、小学校、高校の3か所で、"家具等の転倒防止対策の講座及び実習"（以下「出前授業」といいます）を実施しました（翌年度、中学校で実施）。このとき、シニアに出前授業の講師となってもらうための研修も併せて実施しました。

　出前授業では、クイズや実習を取り入れ、楽しみながら学べるよう工夫しました。子どもたちは、自分の身は自分で守ること（小学生～高校生）、家族や近所の住民を守ること（中学生・高校生）を素直に理解してくれました。子どもたちが家庭に帰って、両親や祖父母などに、家具などの転倒防止対策の必要性について伝えてくれたと思っています。また、近所の住民にも伝え、地域への見守りにつながることを期待しています。

　写真は、シニアが子どもに家具などの転倒防止対策を教えている様子です。

写真 4-13　家具等の転倒防止対策の実演

第5章

地域防災と
シニアの活躍

1. 地域防災活動はシニアにどのような変化をもたらしたか？ …… 82
   - ●防災ボラネット守山 …………………………………………………… 82
   - ●幸町下区町内会 ………………………………………………………… 85
   - ●家具転倒防止ボラ緑 …………………………………………………… 88

2. 行政から見た地域防災とまちづくり ………………………… 91
   - ●名古屋市守山区社会福祉協議会 ……………………………………… 91
   - ●名古屋市消防局 ………………………………………………………… 92
   - ●愛知県防災局 …………………………………………………………… 93

3. 今後の地域防災のあり方 ……………………………………… 94
   - ●"災害時の住環境守る"一般社団法人 わがやネット ……………… 96

第5章　地域防災とシニアの活躍

1. 地域防災活動はシニアにどのような変化をもたらしたか？

　定年をきっかけに居場所を失い、悩む人が多いとよく言われます。一方、家具転倒防止の活動では、シニアのボランティアが活躍しています。どのようなきっかけで活動に参加し、その結果、どのような変化がもたらされたのか。活動に携わる方々に聞いてみました。

●防災ボラネット守山

　災害に強いまちをつくるには、地域の防災ボランティアはなくてはならない存在です。防災ボラネット守山は、2000年に発生した東海豪雨において、ボランティアセンターの責任者（名古屋市職員）であった現代表が立ち上げた防災グループです。

発足年月日：2003年8月9日
代表者：鷲見修さん（67歳）
会員数：39名
所在地：名古屋市守山区
活動実績：家具固定施工は599軒
　　　（2017年8月1日時点）

　「一般的にボランティアは女性が中心。肩身の狭い思いをする男性もまだまだ少なくありません。守山区でも、7〜8割は女性です。その意味でも、家具転倒防止のように、男性が活躍できる場は貴重です」と語るのは、防災ボラネット守山代表の鷲見修さん。災害発生時には、ボランティアセンターの支援活動を行い、平常時は防災に関する知識・技術などの研鑽や区民の被害を軽減することを活動目的にしています。平常時の取り組みのひとつが、守山区の社会福祉協議会と協同で行っている家具転倒防止の活動です。

現在、力を入れているのが地元の家具固定率を引き上げることで、名古屋市の無料耐震診断と家具転倒防止をセットにして、消防署員とローラー作戦を展開しています。

家具転倒防止の活動では、「マイ道具に凝る人もいれば、スキルを磨くことに注力する人もいます。ひと口に家具転倒防止といっても、間取りも置かれている家具も家によってまるで違う。経験とスキルが問われます」

しかし、「経験を重ねるごとに確実に腕があがっていきます。タンス4棹程度であれば、4人1組で1時間で作業を終えることができるようになります。また、定期的に開催されるスキルアップ研修や技術研究会などもあり、上達していく楽しさや達成感を味わえるのもいいと思います」

家具転倒防止のボランティア活動は月に2回、土日に実施。来年の予定まで決まっています。

「予定を早めに決めることで参加しやすくすることが目的です。仕事を持っている人もいますし、ボランティア活動を熱心にやるには家族の理解も必要。家族サービスも欠かせません」

守山区社会福祉協議会で家具固定講座を実施したときの1枚。家具固定の方法を学んだことをきっかけに、ボランティアに目覚める人も

鷲見さんはボランティア歴が長く、若い頃から長年にわたり、さまざまな活動に参加してきたそうです。
「早くに母親を亡くしたので、近所の大人たちが心配したんでしょうね。『非行少年になるといかんで』と半ば無理矢理、地元のボランティアグループに入れられたんです。『地域でつながりを持たないかん』と。大学でもボランティア活動を続け、社会人になってからもNPO活動や災害ボランティアなど、さまざまな形で関わり続けました」
「ボランティアがきっかけで、他のグループとつながり、人間関係が広がっていくのも楽しみのひとつです」
「地域のゆるやかなつながりが、いざというとき助けになる。そう信じています」

さまざまな状況に応じて、最適な家具固定方法を探る。安全かつスピーディに、確実に固定していくのが目標

2006年1月、名古屋市守山区で開催された"かぐてんぼう隊養成研修"のときの集合写真

■第5章　地域防災とシニアの活躍

●幸町下区町内会

　名古屋市中村区で活躍する吉田眞先さんが、家具転倒防止に興味を持ったきっかけは、消防署主催の町内会長、区政協力委員向け講習会でした。

「当時は、ちょうど町内会長として自分が何に取り組むべきか考えていた時期でした。家具転倒防止の重要性を知り、"これだ"と確信しました。そこで、講習会が終わってすぐ、講師でいらしていた児玉さんに、『うちの町内会でもやりたい。手伝って欲しい』と相談しました」

代表者：吉田眞先さん（74歳）
世帯数：112世帯
所在地：名古屋市中村区
活動実績：町内の家具固定率を
　　　　　26.6％から51.4％に引き上げた

　手始めに町内会で、家具転倒防止に関する講演会を実施。防災委員と民生委員の協力を得て、各戸を回りアンケートで家具の転倒防止と耐震診断の希望を募ったところ、全世帯のおよそ2割にあたる約20世帯から、家具の転倒防止を、7世帯から耐震診断の希望が寄せられたと言います。

「『お願いしたい。でも、近所の人に家のなかを見られるのは抵抗がある』という声もありました。そこで、わがやネットのボランティアのみなさんに協力してもらいました」

　家具固定がすでに終わっているなど、今回は施工を希望しない世帯向けには、防災グッズを4種類用意し、そのうちから1つを選んでもらいプレゼント。同じ町内で不公平感が出ないよう、工夫をしました。費用は町内会費だけでは足りないので、名古屋市の地域ぐるみ耐震化促進支援事業の助成を受けました。

　家具固定を希望した家庭の大半が高齢者世帯でした。ボランティ

アチームが訪ねると「対応がいい」「若い人と話ができるのがうれしい」「これで安心して眠れる」と好評。同行した吉田さんも「とても感謝される上、地域の人と顔なじみになれる」と活動の効果を実感しました。

「私はすぐ隣の町内に生まれ育ちましたが、これまで地域の活動にはほとんど参加していませんでした。小学校の登校時の見守りに行っても"知らないおじさん"と子どもたちに言われてしまうほど。それが、家具転倒防止の活動をきっかけに、一気に顔なじみが増えました」

町内会長として、顔と名前はうっすら知っている状態と、家具転倒防止の活動を通じてやりとりしたことがある状態では大違い。町内の人とのコミュニケーションが非常にとりやすくなったそうです。

「町内の老人会や子ども会の企画も通りやすくなりました。私自身もそうですが、やっぱり、知っている人の声かけだと参加してみようかという気になる。おかげで老若男女、たくさんの人が参加してくれるようになりました」

「活動をしていると、高齢者の方々のSOSに直面する機会も少

これまで電動ドライバーを握ったこともなかったという吉田さん。経験を重ね、現在では講座の講師も務めるほど

なくありません。困っているけれど、誰に相談したらいいかわからないという方が大勢います。本当はもっと一軒一軒ゆっくり話を聞けたらいいだろうし、できることなら自分で助けたいという思いもある。でも、町内会長としては限界があります。心苦しいけれど、民生委員さんや地域包括支援センターにつなげることも、町内会長の役割だと思っています」

家具転倒防止をきっかけに、ざっくばらんに話ができる関係を培っていく。それもまた、新しい防災とまちづくりに向けた一歩なのかもしれません。

家具転倒防止の活動で"知らないおじさん"から町内の子どもたちを関ヶ原ウォーランドへ引率できるようになった

町内会の体操教室。みんなで体を動かし、楽しく健康を保つ。家具転倒防止は、町内会活動の活性化にもつながっている

● 家具転倒防止ボラ緑

「会社員時代は仕事一辺倒で、地域のことを何も知りませんでした。世話になるばかりで何も貢献できていない。何ができるかわからないけれど、役に立つことをしてみよう。そう考えたのが最初の一歩でした」

こう語るのは「家具転倒防止ボラ緑」代表の福島謙二さん。自他共に認める仕事人間だった福島さんが、ボランティア活動に踏み込んだのは定年後。65歳になった頃のことです。

発足年月日：2017年5月8日
代表者：福島謙二さん（68歳）
会員数：13名
所在地：名古屋市緑区
活動実績：家具固定施工は93世帯
（2017年8月1日時点）

「区の広報誌を隅々まで読んで、興味が持てそうな講座やボランティアグループを見つけては、次々と参加申込みをしました。多いときは10種類以上のボランティアに登録していた」そうです。名古屋市が主催する家具転倒防止ボランティア養成講座も、そのひとつでした。

2016年2月に第1回養成講座を終えた後、「誰かボランティアグループをつくるのを手伝ってもらえませんか」と打診があり、福島さんは迷わず、「やります」と手を挙げたと振り返ります。

「つい"できない理由"ばかりを考えてしまうが、先にイエスと答えてしまえば、自然と"やれる方法"を考えるようになります。しかも、イエスで受け止めると、物事がやりやすくなります」福島さんのモットーは「楽に、早く、仕事をこなせるしくみ」です。

ボラ緑は5名のメンバーでスタート。その後、養成講座の2期生が加わり、現在は13名で活動しています。名古屋市緑区が障害者のいる世帯や65歳以上の高齢者のみの世帯で家具固定ができる人

がいない世帯など、一定の条件に沿って、施工希望者を募集。申込みがあると、メンバーが4人1組で訪問し、家具を固定します。

「一人暮らしの高齢者の方も、情報だけはよくご存知です。家具を固定しないと、地震のときに怖い。でも、自分ではうまくできない。他人を家に入れるのも怖い。さまざまな不安が先に立ち、『やめておこう』と腰が引けてしまう」

なかには、高齢者本人が家具固定を依頼しても、離れて暮らす家族が反対し、施工がキャンセルになるケースもあるそうです。

「ご本人との信頼関係を大切にするのはもちろん、家族にも安心してもらえる工夫が必要だと痛感しています。今後は、施工の様子を動画で撮影し、利用してくださった方の感想とともに動画共有サービス『Youtube』にアップするといったこともやっていきたいと考えています」

家具転倒防止ボラ緑では、地元での認知度を高めるべく、防災フェスタなどにも積極的に参加。家具固定の方法を紹介したり、チラシを配ったりといった広報活動にも力を入れています。また、これまでの経験を生かし、養成講座の講師も務める福島さん。「現役時代よりも忙しいかもしれない」と笑う。

やればやるほど、家具固定のスキルが高まるのも楽しみのひとつ。ボラ緑では2か月に1回ペースでスキルアップ講習会も実施

「今後は希望者が集まれば、随時ボランティア養成講座を開催できるような体制を整えていきたい。また、ボランティア活動に興味がある学生と一緒に活動するなど、しくみづくりもしたい。新しいものにチャレンジして常に1番になりたい」と抱負を語る一方で、「組織としてやっていくためにはボランティアみんなが主役になる必要がある。私は裏方で、トラブルが起きたら出ていく」と代表としての心構えも語っていただきました。
　定年を迎えて活動の場と夢が広がっています。

電動工具の取り扱いの説明や、使用上・安全上の注意に、参加者も真剣そのもの

名古屋市の家具転倒防止ボランティア養成講座の実践実習の様子。依頼者宅へ訪問し、技術を身につけます

2. 行政から見た地域防災とまちづくり

　これまで紹介してきた家具転倒防止の活動はいずれも、社会福祉協議会や名古屋市、愛知県などと連携し、地域で進めてきました。行政と公的機関の担当の方々に聞きました。

●名古屋市守山区社会福祉協議会

　「定年後、地縁がない男性が、地域活動に参加できる仕掛けを作るのも社協の仕事です」こう語るのは名古屋市守山区社会福祉協議会事務局の吉岡弘さんです。

事務局次長・吉岡弘さん（右）
主事・勝見真人さん（左）

　「地域密着型で民生委員と縁が深い組織だからこそ、見えてくる地域の課題もたくさんある。しかし、すべて職員だけでカバーするのは難しいのが実情です」

　赤い羽根募金を財源とし、シルバー人材センターやわがやネットへの委託を経て、現在は防災ボラネット守山と共に、家具転倒防止を推進しています。

　「私たち社協は財源を確保すると共に、サロン活動やイベントを通じて広くお知らせする。そして、実働部隊として協力してくださる地域の方々が活躍しやすい環境を整えるのが役割だと考えています」（勝見真人さん）

防災イベントでは、ボランティアメンバーが実演も行う。気軽に体験できる「飛散防止フィルム貼り」が人気

● 名古屋市消防局

名古屋市では、消防局が家具転倒防止を推進しています。なぜ、消防局なのでしょうか。予防部予防課の伊藤公一さんはこう説明します。

名古屋市消防局予防部予防課
市民安全係長　伊藤公一さん

「『命を守ること』に直結するというのが一番の理由です。阪神淡路大震災では死因の約8割が圧迫死・窒息死、かつその大半が即死だと言われています。つまり、救助隊が駆けつけても助けられない。こうした状況を避けるためにも、家具転倒防止の重要性を啓蒙し、推進することが我々の使命なのです」

名古屋市消防局では2015年度から家具固定ボランティア養成講座をスタートし、現在57名が修了。2018年度末までに全16行政区でボランティア養成ができる体制を整えるのが目標だそうです。

「養成講座1期生の方々の尽力もあり、パートナーシップを築きつつあるという手応えがあります。今後もお互いに助け合いながら、地域の安心・安全を推進していきたいと考えています」と抱負を伺いました。

名古屋市消防局では起震車を改造。震災時に固定されていない家具が、どのように危険なのかをリアルに体験できる

●愛知県防災局

愛知県では2015年から「家具固定推進員」派遣制度を設けています。この家具固定推進員は、家具転倒防止に取り組んでいるボランティアに研修をしたうえで愛知県に登録し、地域の講習会やイベントなどに派遣して固定器具の取り付け支援を行うのが役目です。

愛知県防災局防災危機管理課
啓発グループ主任　佐野豪哉さん

「気軽にできる防災というイメージがありますが、本当に役立つ家具固定を実現するには『突っ張り棒やL字タイプの留め具の使い方』、『釘の打ち方』などについての正しい知識が必要です」こう語るのは、愛知県防災局の佐野豪哉さん。

「愛知県としての目標は2023年度までに固定率65％。そのためにも家具転倒防止の重要性とベースとなる知識を広く知っていただく活動を進めていきたい」

現在、171名の家具固定推進員が県内各地の学校、幼稚園、企業、自主防災組織などで活躍しているそうです。

「家具転倒防止」の方法は多岐に渡る。家具固定推進員によって正しい知識を広め、意識を高める

3. 今後の地域防災のあり方

家具転倒防止の活動が育む互助のしくみ

　家具転倒防止の活動は、2006年防災ボラネット守山（P.82）、2010年幸町下区町内会（P.85）、2012年なごや防災ボランティアネットワーク昭和などの地域団体が施工を開始し、連携先も名古屋市守山区社会福祉協議会（P.91）、所轄の消防署、区役所など形態は様々です。本年5月には、名古屋市消防局（P.92）の家具固定ボランティア養成講座1期生が、家具転倒防止ボラ緑（P.88）を立ち上げるなど、活動はアメーバーのように広がっています。

　活動を広げるには、定期的な会合を設けると効果があります。2011年から開催している「推進連絡会」「技術研究会」は当初数名の参加者でしたが、数年後には、行政、防災ボランティア関係者など多くの方に参加していただけるようになりました。

　2015年には、愛知県防災局（P.93）が「家具固定推進員制度」を事業化し、活動の一部を引き継いでくれました。翌年度から「家具固定推進員研修」が開催されるようになり、"わがやネット"と"あいち防災リーダー会"とで共催しています。平均年齢68.92歳の家具固定推進員が、県内各地で生き活きと活動しています。

　家具転倒防止の活動は、地域防災の領域に留まりません。あるときは高齢者のSOSに気づいたり、またあるときは途切れてしまった地縁をつなぎ直したりする役目をします。家具転倒防止をきっかけに、援助を拒否していた人が態度を和らげ受け入れに転じるケースや、活動のメンバーが認知症高齢者を助けたケースも見られました。これらの活動はニーズを引き出し、"地域住民の助け合い"と"顔の見えるつきあい"を促せることが明らかになりました（**図5-1**）。

　家具転倒防止の活動は、"シニアが地域で活躍できる"と確信し

ていますが、単発仕事というところが弱点です。今、私が考えているのは、シニアや女性が地元で"住まいの整備"をすることです。家具転倒防止ができれば、手すりの取り付けなどの施工もできるはずです。そうすれば、地域防災にも役に立ち、高齢者の見守り支援にもつながります。

　"住まいの整備"によって、元気なシニアが活躍し、孤立者のいないまちをつくりたい、それが私の願いです。

図 5-1

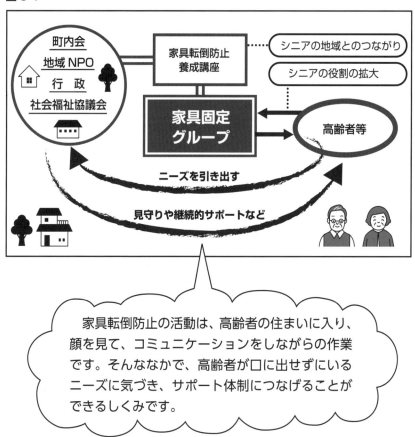

　家具転倒防止の活動は、高齢者の住まいに入り、顔を見て、コミュニケーションをしながらの作業です。そんななかで、高齢者が口に出せずにいるニーズに気づき、サポート体制につなげることができるしくみです。

▼新聞で紹介され、活動がさらに拡大！

聞　2016年（平成28年）1月25日（月）　名古屋　愛

災害時の住環境守る

一般社団法人「わがやネット」

家具転倒防止 取り組み12年

「こういう試作品のダンパーがあります」「この前、ゲル状の接着剤を使ってみた」。参加した14人から次々と家具固定の材料が紹介され、使い方や注意点などについて質疑が相次いだ。

14日、名古屋市中村区の名城大名駅サテライトで開いた家具転倒防止の技術研究会だ。奇数月に1回開いており、参加者は行政や各地で家具転倒防止活動を行う防災ボランティア団体など。偶数月には活動の情報交換をする連絡会を開く。

同法人が災害時の家具転倒防止に取り組んで12年になる。名城大大学院で都市計画を研究していた児玉道子代表理事（49）が中心となり「かぐてんぼう隊」として、家具転倒防止を始めた。「巨大地震発生が心配され活動拡大を目指すも、高齢者宅のバリアフリー化など住環境整備のため設立した。こる地域として不可欠なのだ。

今年度は名古屋市と県の家具固定実施者養成事業の講師を務める。今後、養成した人材が地域で活動できる態勢づくりも支援する考えだ。

一方、今年度は介護保険で住宅改修した失敗事例の研究会も開催しており、児玉さんは「実施者を増やしていくのと同時に、福祉住環境整備もあわせて地域や行政に提案していけるようにしたい」と意気込む。

【清藤天】

2003年末に任意団体として発足し、家具転倒防止事業は1年後に始める。13年に一般社団法人化。内閣府の「全国防災まちづくりフォーラム最優秀賞」など防災や福祉関係の賞をいくつも受賞している。会員約20人。

家具転倒防止器具の使い方や課題について議論する技術研究会参加者＝名古屋市中村区で

と考えたためだ。当初は工事を行っていたが、近年は工事実施者の養成や研究調査活動にシフトした。「各地で実施団体が育ってきたため」という。研究会や連絡会も各地

毎日新聞社提供

付録

ちゃんと知っておきたい
介護保険

1. 介護保険でできる住宅改修の種類 ……………………………… 98
2. [実例] 介護保険で改修 ……………………………………………… 100
3. 介護保険の住宅改修　利用方法 ………………………………… 102

1. 介護保険でできる住宅改修の種類

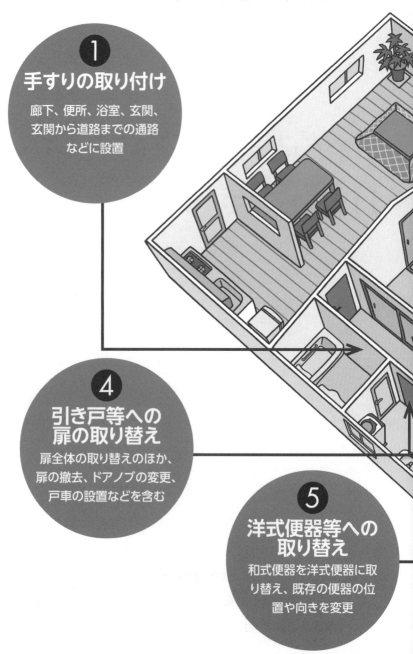

1 手すりの取り付け
廊下、便所、浴室、玄関、玄関から道路までの通路などに設置

4 引き戸等への扉の取り替え
扉全体の取り替えのほか、扉の撤去、ドアノブの変更、戸車の設置などを含む

5 洋式便器等への取り替え
和式便器を洋式便器に取り替え、既存の便器の位置や向きを変更

■ 付録

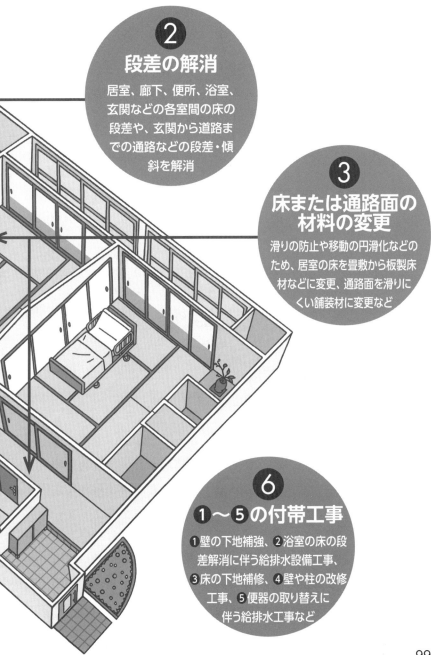

② 段差の解消
居室、廊下、便所、浴室、玄関などの各室間の床の段差や、玄関から道路までの通路などの段差・傾斜を解消

③ 床または通路面の材料の変更
滑りの防止や移動の円滑化などのため、居室の床を畳敷から板製床材などに変更、通路面を滑りにくい舗装材に変更など

⑥ ❶〜❺の付帯工事
❶壁の下地補強、❷浴室の床の段差解消に伴う給排水設備工事、❸床の下地補修、❹壁や柱の改修工事、❺便器の取り替えに伴う給排水工事など

2.〈実例〉介護保険で改修

<トイレ>

●立ち座りの際に痛みがある、トイレでの動作に時間がかかってしまう…
→**そんなときは「トイレの改修」**

<金額例>
手すりの取り付け
……………3万円
洋式便器への取り替え
……………17万円
そのほか付帯工事
……………3万円
_____
計　　23万円

▶介護保険利用で！
・住宅改修費18万円が支給されます。
（一定所得のある人は16万円）
・5万円（※7万円）が自己負担になります。

　住宅改修で優先される場所は「トイレ」が最も多いです。理由としては個人差はあるものの、使用頻度が高いこと、伝統的な和式トイレが高齢者や障害者にとって使いづらいことが挙げられます。
　また、杖歩行や車いす生活になる方が段差解消や歩きやすい環境を整えるために行うのが廊下の改修です。廊下に面した扉も引き戸タイプに変える方が多いです。いずれにしても体の状態や家のつくりに応じて、住宅改修の方法も複数考えられますから、複数の業者に声をかけ、適切な改修を行うことが大切です。

＜廊下＞

- トイレの扉の取り替え
  介助スペースを確保するため外開きに
- 床材の変更
  滑りにくく、転んでもケガをしづらいタイルカーペットを貼付け
- 段差の解消
  廊下と部屋の間の敷居段差を解消

●退院予定なのに、家は段差が多くリハビリ用の歩行器が使えない…
→そんなときは「廊下の改修」

＜金額例＞
扉の取り替え(トイレ)
……………4万円
床材の変更（廊下）
……………8万円
段差の解消（廊下）
……………3万円
―――――――――――
計　　15万円

▶介護保険利用で！
・住宅改修費13万5000円が支給されます。
　（※一定所得のある人は12万円）
・1万5000円（※3万円）が自己負担になります。

利用限度額　20万円
この範囲内で、改修費用の9割※が支給されます。
※一定以上の所得がある方は8割です。

　20万円は一度に使い切る必要はなく、何回かに分けて使うこともできます。

3. 介護保険の住宅改修利用方法

① **市区町村の介護保険の窓口などに申請**
介護や支援が必要な状態であることの認定（要介護・要支援認定）を受けます。

▼

② **地域包括支援センター、居宅介護事業所へ相談**
必要な書類（住宅改修が必要な理由書など）の記載を依頼します（費用はかかりません）。

▼

③ **住宅改修業者と打合せをして、見積を依頼**
ケアマネジャー等と住宅改修業者に要望を伝えて、家の状況をみてもらいます。
改修内容を打合せして、見積を依頼します。

▼

④ **住宅改修事前申請書の提出**（※1）
着工前に申請書や必要な書類（住宅改修が必要な理由書など）を提出します。

▼

⑤ **市区町村の確認を受けたら着工**
確認を受けたら、申請した内容に沿って住宅改修を行います。
改修内容に変更がある場合は、介護保険の窓口に変更箇所を連絡します。

▼

⑥ **住宅改修終了後、使い勝手の確認と給付手続き**
確認した後に工事費用を支払い（※2）、市区町村の介護保険の窓口で給付手続きを行います。

▼

⑦ **住宅改修費の支給**

※1）退院に備えて早期着工が必要な場合など、やむを得ない事情があるときは、申請書等は給付手続き（⑥）の際に提出することもできます。
※2）受領委任払いに登録している業者であれば、自己負担分の支払いだけで済みます。

■協力

<第3章>
・株式会社LIXIL
・名古屋城総合事務所
・株式会社いうら
・株式会社サンゲツ
・株式会社ノダ
・ノダ名古屋ショールーム
・立川ブラインド工業株式会社

<第4章>
・東京消防庁
・有限会社大石製作所
・一般社団法人本郷福祉会

<第5章>
・防災ボラネット守山
・幸町下区町内会
・家具転倒防止ボラ緑
・なごや防災ボランティアネットワーク昭和
・名古屋市守山区社会福祉協議会
・愛知県防災局
・名古屋市消防局
・福祉住環境コーディネーター協会

（掲載順）

■参考文献

1）厚生労働省「平成28年人口動態統計」
2）消防庁「平成28年度版 消防白書」
3）内閣府「平成28年度版 高齢社会白書」
4）総務省「平成25年住宅・土地統計調査」
5）独立行政法人国民生活センター「訪問販売によるリフォーム工事2016」
6）児玉道子他「介護保険制度下における住宅改修（訪問相談）の実態と課題」日本建築学会技術報告集 2009.6
7）東京消防庁、家具類の転倒・落下防止対策推進委員会、家具類の転倒・落下防止対策推進における検討結果 2005
8）児玉道子他「家具類転倒防止対策推進のための実践的、方法論的研究 ―災害時要援護者へのボランティア活動の『かぐてんぼう隊』運動の拡大に向けて―」福祉のまちづくり学会 Vol.11 No.2, 2009

おわりに

　2011年の春、青海社の工藤良治さんから「コラムを書いてくれないか？」と話があり、臨床作業療法の"お家を変えよう"シリーズに執筆することになりました。「いろいろな視点で住宅改修を書けそうだから」と言われたことが印象に残っています。

　5年間に亘って"疾病と住宅改修""空き家と住宅改修"などをテーマに連載をし、書き溜めたものをベースに"失敗しない住宅改修"を出版しようと考えていた頃、社会保険出版社の萩原真由美さんに出会い、日本応用老年学会のことを知りました。

　2017年6月4日、名古屋国際会議場で"日本老年学会総会"が開催され、桜美林大学の柴田博先生に「（地域防災とシニアの活躍が）いいですね」と評価していただき、"住宅改修と地震対策でまちづくり"に発展しました。

　振り返ってみると、会社員時代は"家"とは、家族のための"個"の空間として捉えていました。しかし、独立してからは、そこに住む人が孤立しないよう、"線"で繋げることを、家具転倒防止の活動を始めてからは、地域住民とともに"面"で支えることが必要と考えるようになりました。

　"誰もが安心して暮らすことのできる家や地域をつくるため"定年後のシニアが地域とのかかわりを持ち、活躍できる未来に向かって、一歩一歩前進していきたいと思っています。

　出版の"きっかけ"をつくってくださった工藤良治さん、出版に

尽力してくださった編集者の萩原真由美さんをはじめ社会保険出版社のみなさん、製版・印刷でお世話になったシナジーコミュニケーションズのみなさん、お忙しい中、取材に応じてくださった鷲見修さん、吉田眞先さん、福島謙二さん、吉岡弘さん、勝見真人さん、伊藤公一さん、佐野豪哉さんや家具転倒防止対策・技術研究会のみなさん、写真やデータを提供していただいた企業や官公庁のみなさん、そして、事例で紹介させていただいたお客様に感謝申し上げます。

2017年10月

児 玉 道 子

児玉道子（こだまみちこ）

一般社団法人わがやネット代表理事　　博士（工学）

　1966年三重県生まれ。87年東海工業専門学校卒業後、株式会社耐建社で設計・現場監督をしながら、92年名城大学理工学部建築学科入学。97年名鉄協商へ転職し、高蔵寺ニュータウンでリフォームの営業を担当。2005年なごや福祉用具プラザの住宅改修訪問相談員、10年内閣府の家具等転倒防止対策に関する検討委員会委員、同年名城大学大学院理工学研究科社会環境デザイン工学専攻博士課程卒業。13年より現職。福祉住環境コーディネーター協会研修委員、福祉・住環境人材開発センター理事。日本福祉大学・東海工業専門学校・あいち福祉医療専門学校非常勤講師。家具転倒防止の活動で地震に強く孤立者がいないまちづくりに挑戦中。

協　力　／いのうえ　りえ・島影真奈美
イラスト／　高野真由美
装　丁　／　株式会社　溪

ジェロントロジー・ライブラリー③　高齢期の住まいと安全

住宅改修と地震対策でまちづくり

2017年11月1日　初版発行

著　　　者　　児　玉　道　子
発　行　者　　髙　本　哲　史
発　行　所　　株式会社　社会保険出版社
　　　　　　　〒101-0064　東京都千代田区猿楽町1-5-18
　　　　　　　電話（03）3291-9841（代表）　振替 00180-8-2061
［大阪支局］　〒541-0059　大阪市中央区博労町4-7-5
　　　　　　　電話（06）6245-0806
［九州支局］　〒812-0011　福岡市博多区博多駅前3-27-24
　　　　　　　電話（092）413-7407

落丁、乱丁のある本はおとりかえいたします。
Ⓒ Michiko Kodama 2017　ISBN978-4-7846-0308-4

本書の内容は著作権法によって保護されています。本書の全部または一部を複写、複製、転載すること（電子媒体への加工を含む）を禁じます。

社会保険出版社　出版物のご案内

好評のジェロントロジー・ライブラリーシリーズ!!　好評発売中

ジェロントロジー・ライブラリー①　生涯発達の条件
スーパー老人のヒミツは肉だけじゃない!
～室井摩耶子に注目～

柴田 博 著
■A5判／168頁
■ISBN978-4-7846-0292-6

肉食推進派で老年学の大家・柴田博が世界最高齢の現役ピアニスト、室井摩耶子さんの生き方を取材分析。人生の目標があれば、誰でも老化と生涯発達を両立できると説く、楽しくも心強い人生の必読エール書です!

本体 1,000円＋税

14601

ジェロントロジー・ライブラリー②　高齢期の就業と健康
何歳まで働くべきか?

藤原佳典・小池高史　編著
■A5判／180頁
■ISBN978-4-7846-0299-5

これから先、高齢者の就業は大切な課題。では、どうすれば、どんな仕事なら、働き続けられるのか？ 答えが、ここにある。やっぱりいくつになっても、ニッポン人にとっては、「仕事」と「役割」が元気の素だということを広く社会に伝える一冊です。

本体 1,000円＋税

14605

自治体や地域で働く専門職、老年学・老年医学の研究者などに必携の1冊!

健康長寿新ガイドラインエビデンスブック

東京都健康長寿医療センター研究所
健康長寿新ガイドライン策定委員会　編著
■A4判／140頁4色
■発行／東京都健康長寿医療センター研究所
■発売／社会保険出版社

本体 1,800円＋税

1年にわたるテーマ別検討会の基盤となった、数々のエビデンスと討議内容をここに公開。新ガイドラインの根拠となった長年の長寿研究を解説し、貴重な調査データを掲載する結晶の1冊として、すべての研究者＆支援者必読の内容です。

※書店では購入できません。弊社での直接販売になります。

86705

お問い合わせ　本　社 TEL.03 (3291) 9841
　　　　　　　大阪支局 TEL.06 (6245) 0806　九州支局 TEL.092 (413) 7407